Dr. Oetker

Liköre

Dr. Oetker

Liköre

Dr. Oetker Verlag

Vorwort

Ein Likörchen in Ehren kann niemand verwehren.

So oder so ähnlich dachte wohl schon Napoleon Anfang des 19. Jahrhunderts. Bereits in dieser Zeit sagte man Likören eine heilende und magische Wirkung nach und es war nur einem kleinen Personenkreis vorbehalten, Liköre zu genießen. Der Stellenwert der Liköre wandelte sich im Lauf der Zeit, der Genuss jedoch ist geblieben.

Heute serviert man Liköre zu verschiedenen Gelegenheiten – Liköre zum Kaffee, Früchte in Alkohol als Leckerei zum Dessert oder als süßes Party-Highlight.

Raffinierte Kombinationen wie der Limoncello mit Wodka oder der cremig-feine Zabaionelikör entstauben das Image der Liköre aus Großmutters Zeiten.

Egal ob Sie einen Selbstgemachten nun verschenken, Ihren Gästen anbieten oder bei einem guten Buch selbst genießen wollen – Sie werden überrascht sein, wie einfach die abwechslungsreiche Herstellung von Likören, Aufgesetzten und Früchten in Alkohol sein kann.

Der Trend geht hin zum Selbstgemachten und macht auch vor Likören nicht Halt. Wir zeigen Ihnen, wie mühelos und schnell Liköre, Aufgesetzte und Früchte in Alkohol hergestellt werden können. Welche Früchte, Kräuter, Gewürze, Zucker und welchen Alkohol Sie verwenden können, beschreiben wir in diesem kleinen Ratgeber.

Früchte

Die Früchte für Ihren Likör können Sie ganz nach ihrem Geschmack auswählen. Sie haben die Wahl zwischen einer Vielzahl von Obstarten. Besonders gut eignen sich heimische Beeren (Himbeeren, Erdbeeren, Heidelbeeren, Johannisbeeren, Holunderbeeren, Schlehen), Kernobstsorten (Äpfel, Birnen, Quitten) sowie Zitrusfrüchte (Orangen, Zitronen, Kumquats, Clementinen). Hervorragend lässt sich auch Steinobst (Aprikosen, Kirschen, Pfirsiche, Mirabellen, Pflaumen) verwenden. Für außergewöhnliche Liköre verwenden Sie exotische Früchte wie Ananas, Papaya, Passionsfrucht, Mango oder Karambole.

Bei der Wahl der Früchte sind Ihrer Fantasie und Ihren geschmacklichen Vorlieben keine Grenzen gesetzt. Beachten sollten Sie, dass Sie frische, knackige, einwandfreie Früchte verwenden, um ein Verderben der Früchte und des Likörs zu vermeiden.

Kräuter & Gewürze

Abgesehen von ihrer heilenden Wirkung besitzen Kräuter und Gewürze aromatische Eigenschaften. Gewürze wie Vanilleschoten und Zimtstangen, aber auch Zitronenschale, Orangenschale, Kardamom, Ingwerwurzel oder Gewürznelken verfeinern Ihren Fruchtliköransatz und verleihen ihm das gewisse Etwas. Zu beachten gilt, dass Vanilleschoten während der gesamten Durchziehzeit im angesetzten Likör verbleiben können. Vanilleschoten geben ihr feines Aroma bis zum Verzehr des Likörs ab. Chilischoten hingegen sollten nach 1–2 Wochen Durchziehzeit aus dem Likör entfernt werden. Chilischoten geben während der gesamten Zeit ihre Schärfe ab und Ihr Likör wird ungenießbar.

Kräuter können frisch verwendet werden, wie z. B. Rosmarin – sie stecken auch getrocknet meist noch voller Aromen, Ausnahmen sind Waldmeister und Basilikum.

Zucker

Der Zucker ist ein weiterer, wichtiger Bestandteil bei der Likörzubereitung. Sie haben die Wahl zwischen feinem Zucker, Haushaltszucker, Puderzucker, braunem oder weißem Kandis, Rohrzucker und Honig um Ihren Likör zu süßen.

Feiner Zucker eignet sich aufgrund seiner feinen, gleichmäßigen Kristalle besonders gut für die Herstellung von Likören. Er löst sich schnell und vollständig auf. Wenn Sie in Ihrem Haushalt keinen feinen Zucker haben, können Sie natürlich auf gängigen Haushaltszucker zurückgreifen. Dieser unterscheidet sich zu dem feinen Zucker in seiner etwas gröberen Körnung, wodurch er sich langsamer auflöst.
Puderzucker löst sich aufgrund der feinen Vermahlung der Zuckerkristalle besonders schnell auf.
Als **brauner oder weißer Kandis** werden konzentrierte Zuckerlösungen bezeichnet, die in mehreren Tagen auskristallieren. Traditionell zum Tee gereicht, steigt auch seine Beliebtheit bei der Herstellung von Likören. Besonders der braune Kandis verleiht Ihrem Likör ein karamellartiges Aroma.
Rohrzucker wird anders als die anderen Zuckersorten nicht aus Zuckerrüben, sondern aus Zuckerrohr hergestellt. Ihn zeichnet seine feine Karamellnote genauso aus, wie seine mild-würzige Süße. Er passt besonders gut zu Likören mit exotischen Früchten, Gewürzen und Kräutern.
Auch **Honig** eignet sich zum Süßen von Likören. Hier können Sie aus einem großen Sortiment Ihren Favoriten wählen. Da jeder Honig seinen eigenen Geschmack hat, geben Sie Ihrem Likör mit der Wahl des Honigs eine individuelle Note.

Alkohol

Traditionell wird zum Ansetzen eines Likörs Weingeist (96 Vol.-%, erhältlich in Apotheken) oder Kornbrand (38–42 Vol.-%) verwendet. Beide Alkohole sind geschmacksneutral. Der Weingeist eignet sich aufgrund seines hohen Alkoholgehaltes besonders dafür, Aromen aus festen Geschmacksträgern herauszulösen. Ansätze mit Weingeist müssen verdünnt, d. h. auf Trinkstärke herabgesetzt werden.

Auch Destillate wie Wodka, Weinbrand, brauner oder weißer Rum, Gin oder Doppelkorn mit einem Alkoholgehalt zwischen 40 und 50 Vol.-% eignen sich für die Likörherstellung.

Wenn Sie Früchte in Alkohol einlegen wollen, können Sie auch Wein verwenden, meist wird dann ein Dessertwein benutzt, dessen höherer Zuckergehalt zusätzlich der Haltbarkeit dient.

Was unterscheidet einen Likör von einem Aufgesetzten?

Unter einem **Likör** versteht man laut Definition ein aromatisches, alkoholhaltiges Getränk mit einem ziemlich hohen Zuckergehalt (mindestens 100 g pro Liter). Der Alkoholgehalt eines Likörs liegt in der Regel zwischen 15 und 40 Vol.-%, Abweichungen nach oben oder unten sind möglich.

Als **Aufgesetzter** wird eine meist rote Spirituose mit einem Alkoholgehalt von unter 38 Vol.-% bezeichnet. Ein Aufgesetzter besteht häufig aus roten Beeren wie Schlehen, Kirschen oder schwarzen Johannisbeeren. Diese Früchte werden mit Zucker und einem Branntwein in einer Flasche oder einem großen Glas aufgesetzt, so dass alle Aromen herausgelöst werden.

Die Früchte werden anschließend durch ein feines Sieb herausgefiltert und eignen sich gut als Beigabe zu Desserts oder Eis. Der Aufgesetzte oder Likör wird wieder in Flaschen gefüllt und verschlossen. Als Flaschenverschluss eignen sich Verschlüsse aus Kork, Plastik oder Gummi.

Zu den Rezepten

Abkürzungen

EL	= Esslöffel	kg	= Kilogramm	gestr.	= gestrichen
TL	= Teelöffel	ml	= Milliliter	TK	= Tiefkühlprodukt
Msp.	= Messerspitze	l	= Liter	°C	= Grad Celsius
Pck.	= Packung/Päckchen	evtl.	= eventuell	Ø	= Durchmesser
g	= Gramm	geh.	= gehäuft	Vol.-%	= Volumenprozent (Alkoholgehalt)

Hinweise zu den Rezepten

Lesen Sie bitte vor Beginn – besser noch vor dem Einkaufen – das Rezept einmal vollständig durch. Oft werden Arbeitsabläufe oder -zusammenhänge dann klarer. Wichtig ist bei der Verarbeitung von Früchten, dass Sie reife, einwandfreie Früchte verwenden. Der Alkohol sollte einen Alkoholgehalt von mindestens 38 Vol.-% haben, weil die Früchte sonst verderben würden. Die Mengenangaben beziehen sich auf die angesetzte Menge.

Zutatenliste

Die Zutaten sind in der Reihenfolge ihrer Verarbeitung aufgeführt.

Arbeitsschritte

Die Arbeitsschritte sind einzeln hervorgehoben, in der Reihenfolge, in der wir sie ausprobiert haben.

Zubereitungszeiten

Die Zubereitungszeit ist ein Anhaltswert für die Zeit der Vorbereitung und der eigentlichen Zubereitung.

Aufgesetzter mit Limetten (Foto)
Schnell

etwa 1,1 Liter

Zubereitungszeit: 10 Minuten
Durchziehzeit: etwa 1 Monat
Haltbarkeit:
gekühlt etwa 6 Monate

Zutaten:

6–8	Bio-Limetten (unbehandelt, ungewachst)
2	Kaffirblätter (Limettenblätter, erhältlich im Asia-Laden)
1 l	weißer Rum (37,5 Vol.-%)

1. Limetten gründlich heiß abwaschen und abtrocknen. Limetten mit einem Sparschäler dünn abschälen. Dabei darauf achten, dass nur die Schale und nicht das Weiße abgeschält wird. Kaffirblätter abspülen, trocken tupfen und klein zupfen.

2. Limettenschale und Kaffirblätter in ein großes, gründlich gereinigtes, gespültes Glas füllen und mit Rum übergießen. Glas fest verschließen und etwa 1 Monat durchziehen lassen.

3. Anschließend den Aufgesetzten durch ein mit einem Geschirrtuch ausgelegtes Sieb gießen, in gründlich gereinigte, gespülte Flaschen füllen, fest verschließen und kalt gestellt aufbewahren.

Saurer Paul
Erfrischend

etwa 700 ml

Zubereitungszeit: 15 Minuten, ohne Koch- und Abkühlzeit
Haltbarkeit:
gekühlt etwa 1 Monat

Zutaten:

100 ml	frischer Limettensaft
100 ml	frischer Zitronensaft
50 ml	Ananassaft oder Orangensaft
50 ml	Grapefruitsaft
100 g	Zucker
250 ml (¼ l)	Wodka

Nach Belieben:

2–4 cl	Curaçao blue

1. Limettensaft mit Zitronen-, Ananas- oder Orangen-, Grapefruitsaft und Zucker in einem Topf unter Rühren erhitzen, bis sich der Zucker vollständig gelöst hat.

2. Die Saft-Zucker-Lösung zugedeckt vollständig abkühlen lassen.

3. Wodka in die abgekühlte Mischung geben und nach Belieben zur grünlichen Färbung etwas Curaçao blue hinzufügen.

4. Die Mischung in eine gründlich gereinigte, gespülte Flasche füllen, die Flasche gut verschließen und den Likör kalt gestellt aufbewahren.

Orangenlikör (Foto)
Klassisch

etwa 1,4 Liter

Zubereitungszeit: 25 Minuten
Durchziehzeit: 1–2 Tage
Haltbarkeit:
gekühlt 4–6 Wochen

Zutaten:

250 ml (¼ l)	Wasser
250 ml (¼ l)	trockener Weißwein
450 g	Zucker
1 kg	Bio-Orangen (unbehandelt, ungewachst)
700 ml	Wodka (40 Vol.-%)
¼ gestr. TL	gemahlener Koriander oder Kardamom

1. Das Wasser mit Wein und Zucker zum Kochen bringen und sirupartig einkochen lassen.

2. Die Orangen gründlich heiß abwaschen und abtrocknen. Orangenschale abreiben, die Orangen halbieren und den Saft auspressen. Orangenschale und -saft in die Sirupflüssigkeit einrühren und kalt stellen.

3. Wodka unterrühren und den Likör mit Koriander oder Kardamom würzen. Orangenlikör 1–2 Tage kalt gestellt durchziehen lassen.

4. Orangenlikör durch ein mit einem Geschirrtuch ausgelegtes Sieb in gründlich gereinigte, gespülte Flaschen gießen, die Flaschen fest verschließen und kalt stellen.

Feiner Orangenlikör
Etwas aufwändiger

etwa 1 Liter

Zubereitungszeit:
45 Minuten an 2 Tagen, ohne
Abkühlzeit
Durchziehzeit: 4–5 Wochen
Haltbarkeit:
gekühlt etwa 3 Monate

Zutaten:

8	Bio-Orangen (unbehandelt, ungewachst)
500 ml (½ l)	Weingeist/Ethanol (hochprozentiger Alkohol aus der Apotheke, 90 Vol.-%)
375 ml (3/8 l)	Wasser
200 g	Zucker

1. Orangen gründlich heiß abwaschen und abtrocknen. Orangenschale dünn mit einem Sparschäler abschälen. Dabei darauf achten, dass nur die orange Schale und nicht das Weiße abgeschält wird.

2. Orangenschale in ein großes, gründlich gereinigtes Glas geben, mit Weingeist übergießen und das Glas fest verschließen. Den Ansatz etwa 4 Wochen an einem sonnigen Platz, z. B. auf der Fensterbank, durchziehen lassen. Anschließend den Ansatz durch ein feines Sieb gießen, die Flüssigkeit dabei auffangen und beiseitestellen.

3. Orangenschalen aus dem Sieb mit Wasser und Zucker in einem Topf zum Kochen bringen, etwa 5 Minuten kochen und dann erkalten lassen.

4. Die erkaltete Flüssigkeit mit dem beiseitegestellten Weingeistansatz verrühren, in eine gründlich gereinigte, gespülte Flasche füllen, fest verschließen und nochmals 10–12 Tage an einem sonnigen Platz, z. B. auf der Fensterbank, durchziehen lassen. Anschließend kalt gestellt aufbewahren.

etwa 1 Liter

Zubereitungszeit:
20 Minuten, ohne Abkühlzeit
Haltbarkeit:
gekühlt 3–6 Monate

Tipp:
*Für einen Schoko-Chili-Likör
2 abgespülte und trocken
getupfte, rote Chilischoten
2 Wochen in Wodka einlegen.
Anschließend den aromati-
sierten Wodka wie im Rezept
beschrieben verarbeiten.*

Schoko-Minz-Likör (Foto)
Raffiniert

Zutaten:

100 g	Schoko-Minz-Täfelchen
100 g	gesiebter Puderzucker
400 g	Schlagsahne
500 ml (½ l)	Wodka (40 Vol.-%)

1. Schoko-Minz-Täfelchen in kleine Stücke hacken. Mit Puderzucker und Sahne in einem kleinen Topf im Wasserbad bei schwacher Hitze unter Rühren schmelzen und zu einer geschmeidigen Masse verrühren. Den Topf von der Kochstelle nehmen und die Masse etwas abkühlen lassen.

2. Den Wodka hinzufügen und mit Handrührgerät mit Rührbesen gut verrühren. Schoko-Minz-Likör in gründlich gereinigte, gespülte Flaschen füllen, fest verschließen und kalt stellen. Der Likör kann sofort getrunken werden.

etwa 1,4 Liter

Zubereitungszeit:
30 Minuten, ohne Abkühlzeit
Haltbarkeit:
gekühlt etwa 7 Tage

Schokoladenlikör
Klassisch

Zutaten:

150 g	Halbbitter-Kuvertüre
250 g	Schlagsahne
500 g	Joghurt (3,5 % Fett)
120 g	gesiebter Puderzucker
1 TL	Dr. Oetker Finesse Geriebene Orangenschale
1 Pck.	Dr. Oetker Vanillin-Zucker
300 ml	Weinbrand (36 Vol.-%)
75 ml	Weingeist/Ethanol (hochprozentiger Alkohol aus der Apotheke, 90 Vol.-%)

1. Kuvertüre in kleine Stücke hacken und in einem kleinen Topf im Wasserbad bei schwacher Hitze zu einer geschmeidigen Masse verrühren. Sahne in die Masse rühren und etwas abkühlen lassen.

2. Schoko-Sahne mit Joghurt, Puderzucker, Orangenschale und Vanillin-Zucker mit einem Handrührgerät mit Rührbesen gut durchrühren.

3. Weinbrand und Weingeist hinzufügen und nochmals gut durchrühren. Schokoladenlikör in 2 gründlich gereinigte, gespülte Flaschen füllen, fest verschließen und kalt stellen.

Pfirsichlimes
Fruchtig

etwa 1,4 Liter

Zubereitungszeit: 45 Minuten
Haltbarkeit:
gekühlt etwa 2 Wochen

Tipp:

*Limes mit trockenem Sekt
aufgefüllt servieren.*

Zutaten:

900 g	reife Pfirsiche
1 Stängel	Zitronenmelisse
200 g	Rohrzucker
40 ml	Rum (54 Vol.-%)
120 ml	Weingeist/Ethanol (hochprozentiger Alkohol aus der Apotheke, 90 Vol.-%)
	Saft von
½	Zitrone

1. Pfirsiche waschen, abtropfen lassen und in eine Schale oder Schüssel legen. Pfirsiche mit kochendem Wasser übergießen. Nach etwa 1 Minute mit kaltem Wasser abschrecken. Pfirsiche enthäuten, halbieren und die Steine herauslösen. Fruchtfleisch in kleine Würfel schneiden.

2. Zitronenmelisse abspülen, trocken tupfen und die Blättchen von den Stängeln zupfen. Pfirsichwürfel mit Zitronenmelisseblättchen, Rohrzucker, Rum, Weingeist und Zitronensaft in 2 Portionen pürieren, bis eine cremige Masse entstanden ist.

3. Portionen miteinander verrühren, in 2 gründlich gereinigte, gespülte Flaschen füllen und fest verschließen. Pfirsichlimes sofort genießen oder im Kühlschrank aufbewahren. Pfirsichlimes vor dem Servieren einmal kräftig durchschütteln.

Erdbeerlimes
Beliebt

etwa 1 Liter

Zubereitungszeit: 40 Minuten
Haltbarkeit:
gekühlt etwa 2 Wochen

Tipp:

*Limes ist ein fruchtiger Likör
mit einem geringen Alkoholgehalt.*

Zutaten:

700 g	Erdbeeren
150 ml	Erdbeersirup
40 ml	Weinbrand (40 Vol.-%)
20 ml	Grand Marnier (40 Vol.-%)
	Saft von
1	Limette
120 ml	Weingeist/Ethanol (hochprozentiger Alkohol aus der Apotheke, 90 Vol.-%)
1 Pck.	Dr. Oetker Vanillin-Zucker

1. Erdbeeren waschen, abtropfen lassen, entstielen und vierteln. Erdbeerviertel mit Sirup, Weinbrand, Grand Marnier, Limettensaft, Weingeist und Vanillin-Zucker in einen hohen Rührbecher geben (evtl. in 2 Portionen) und alles in etwa 2 Minuten zu einer cremigen Masse pürieren.

2. Erdbeerlimes in eine gründlich gereinigte, gespülte Flasche füllen und fest verschließen. Erdbeerlimes sofort genießen oder im Kühlschrank aufbewahren. Erdbeerlimes vor dem Servieren einmal kräftig durchschütteln.

etwa 1,6–2,1 Liter

Zubereitungszeit: 25 Minuten, ohne Abtropfzeit
Durchziehzeit: 1–2 Monate
Haltbarkeit:
gekühlt 6–12 Monate

Gewürzlikör mit Nelkenblüten (Foto)

Etwas aufwändiger

Zutaten:

500 g	weiße Nelkenblüten (unbehandelt)
10	Gewürznelken
2	Zimtstangen
1–1,5 l	Wodka (40 Vol.-%)
300 ml	Wasser
350–500 g	Zucker

1. Blüten leicht zerdrücken. Zusammen mit den Gewürznelken und Zimtstangen in ein großes, gründlich gereinigtes, gespültes Glas oder in gründlich gereinigte, gespülte Flaschen mit weitem Flaschenhals geben.

2. Wodka in einem Topf leicht erhitzen (nicht aufkochen lassen) und über die vorbereiteten Zutaten gießen.

3. Glas oder Flaschen fest verschließen und an einem sonnigen Ort, z.B. auf der Fensterbank, 1–2 Monate durchziehen lassen. Das Glas oder die Flaschen ab und zu schütteln.

4. Anschließend den Ansatz durch ein mit einem Geschirrtuch ausgelegtes Sieb gießen, die Blüten nicht ausdrücken und den Likör auffangen. Den Ansatz über mehrere Stunden abtropfen lassen.

5. Wasser in einem Topf erhitzen, Zucker hinzufügen und so lange rühren, bis sich der Zucker vollständig aufgelöst hat. Die Zuckerlösung 1–2 Minuten bei schwacher Hitze weiterkochen lassen. Den aromatisierten Wodka mit der Zuckerlösung verrühren und in gründlich gereinigte, gespülte Flaschen füllen. Flaschen fest verschließen und kalt stellen. Der Likör kann sofort getrunken werden.

0,7–1 Liter

Zubereitungszeit: 10 Minuten
Durchziehzeit: 4 Wochen
Haltbarkeit:
gekühlt etwa 6 Monate

Tipp:

Als Geschenk um die Flasche ein derbes Packband binden und zwei Likörgläser daran befestigen.

Anislikör

Schnell

Zutaten:

je 1 TL	Anis- und Fenchelsamen
1 TL	Korianderkörner
200 g	Zucker oder Kandis
600 ml	weißer Rum (37,5 Vol.-%)

1. Anis-, Fenchelsamen und Korianderkörner in eine gründlich gereinigte, gespülte Flasche geben. Den Zucker einstreuen und mit Rum übergießen.

2. Die Flasche gut verschließen und etwa 4 Wochen bei Zimmertemperatur durchziehen lassen. Zwischendurch den Likör mehrmals durchschütteln.

3. Anschließend den Likör durch einen Kaffeefilter gießen, den Likör dabei auffangen und wieder in eine gründlich gereinigte, gespülte Flasche füllen. Den Anislikör kühl und dunkel gestellt aufbewahren.

etwa 1,5 Liter

Zubereitungszeit: 20 Minuten
Durchziehzeit: 5–7 Tage
Haltbarkeit:
gekühlt 2–3 Monate

Tipp:

Den Likör mit frischen Pfefferminzblättchen am Glasrand servieren.

Pfefferminzlikör (Foto)
Für Gäste

Zutaten:

250 ml (¼ l)	Wasser
375 g	Zucker
10 Tropfen	natürliches Pfefferminzöl (aus der Apotheke)
1 Tropfen	grüne Speisefarbe
1 l	Wodka (40 Vol.-%)
250 ml (¼ l)	abgekochtes, erkaltetes Wasser

1. Wasser mit Zucker in einem Topf zum Kochen bringen und unter Rühren sirupartig einkochen lassen. Anschließend Pfefferminzöl und Speisefarbe unterrühren. Wodka mit dem Wasser hinzugießen und unterrühren.

2. Pfefferminzlikör in gründlich gereinigte, gespülte Flaschen füllen. Flaschen verschließen. Den Likör 5–7 Tage an einem kühlen, dunklen Ort (am besten im Keller) durchziehen lassen und kalt gestellt aufbewaren.

Heller Pfefferminzlikör
Etwas aufwändiger

etwa 1,25 Liter

Zubereitungszeit:
20 Minuten an 2 Tagen
Durchziehzeit: 1 Woche
Haltbarkeit:
gekühlt etwa 4 Wochen

Zutaten:

100 g	Zucker
150 ml	Wasser
75 g	Pfefferminzbonbons
6 Stängel	frische Minze
1 l	Weizenkorn (38 Vol.-%)

1. Zucker mit Wasser zum Kochen bringen und etwa 1 Minute kochen lassen, dann etwas abkühlen lassen. Zuckerlösung mit den Pfefferminzbonbons in eine gründlich gereinigte, gespülte Flasche geben und 1 Tag stehen lassen (bis sich die Pfefferminzbonbons aufgelöst haben).

2. Minze abspülen, trocken tupfen und mit dem Weizenkorn in die Flasche geben. Flasche verschließen und kurz durchschütteln. Pfefferminzlikör kalt gestellt etwa 1 Woche durchziehen lassen.

Quittenlikör mit Weinbrand und Vanille

Dauert etwas länger

etwa 3,5 Liter

**Zubereitungszeit: 60 Minuten, ohne Abkühlzeit
Durchziehzeit:
etwa 4 Wochen
Haltbarkeit:
gekühlt 6–12 Monate**

Zutaten:

1,5 kg	Quitten
1 l	Wasser
1 kg	Zucker
1	Vanilleschote
2 l	Weinbrand
	(43 Vol.-%)

1. Quitten mit einem Küchentuch abreiben, damit der pelzige Flaum verschwindet. Quitten schälen, halbieren, entkernen und in Spalten schneiden.

2. Wasser und Zucker in einem Topf zum Kochen bringen. Quitten hinzugeben und 1–1 ½ Stunden bei schwacher Hitze kochen lassen. Etwa 30 Minuten vor Ende der Garzeit Vanilleschote halbieren, das Mark mit einem Messerrücken herausschaben und zu den Quitten geben. Die Vanilleschote beiseitelegen. Den Topf von der Kochstelle nehmen. Quitten erkalten lassen.

3. Den Quittenlikör und die beiseitegelegte Vanilleschote in ein großes, gründlich gereinigtes, gespültes Glas füllen. Das Glas gut verschließen. Den Likör etwa 4 Wochen bei Zimmertemperatur durchziehen lassen. Anschließend durch ein feines Sieb gießen, in 3–5 gründlich gereinigte, gespülte Flaschen füllen, fest verschließen und gekühlt aufbewahren.

Tipp:

Die ausgekratzte Vanilleschote nicht wegwerfen. Nach dem Abfüllen des Likörs die Schote klein schneiden und mit in die Flaschen geben. Die Schote verleiht dem Likör zusätzlich ein tolles Vanillearoma.

Die eingelegten und herausgefilterten Quitten schmecken toll zu einem Dessert, z. B. Vanille-Pudding.

etwa 2 Liter

Zubereitungszeit: 20 Minuten
Haltbarkeit:
gekühlt 4–6 Monate

Tipp:

Für den Zabaionelikör nur ganz frische Eier verwenden, die nicht älter als 5 Tage sind (Legedatum beachten!!).

Zabaionelikör (Foto)
Für Gäste

Zutaten:

1	Vanilleschote
500 g	haltbare Schlagsahne
250 ml (¼ l)	haltbare Vollmilch (3,5 % Fett)
125 g	Zucker
12	Eigelb (Größe M)
375 g	gesiebter Puderzucker
350 ml	Weinbrand (40 Vol.-%)
250 ml (¼ l)	Marsala

1. Vanilleschote längs halbieren und das Mark mit einem Messerrücken herausschaben. Schlagsahne, Milch und Vanillemark in einem Topf aufkochen, Zucker einstreuen und verrühren. Den Topf von der Kochstelle nehmen und Sahnemilch erkalten lassen.

2. Eigelb mit Puderzucker in eine Rührschüssel geben und mit Handrührgerät mit Rührbesen weißschaumig schlagen.

3. Sahnemilch mit der Eigelbmasse verrühren. Weinbrand und Marsala langsam hinzugießen und unterrühren. Den Likör in kleine, gründlich gereinigte, gespülte Flaschen füllen, fest verschließen und kalt gestellt aufbewahren. Der Likör kann sofort getrunken werden.

---

etwa 1,4 Liter

Zubereitungszeit: 40 Minuten, ohne Abkühlzeit
Haltbarkeit:
gekühlt etwa 6 Tage

Tipp:

Nur ganz frische Eier verwenden, die nicht älter als 5 Tage sind (Legedatum beachten!!).

Sahniger Whiskylikör
Klassisch

Zutaten:

1	Vanilleschote
600 g	Schlagsahne
120 g	gehackte Mandeln
4	Eigelb (Größe M)
150 g	Zucker
700 ml	Whisky (40 Vol.-%)

1. Vanilleschote längs halbieren, das Mark mit einem Messerrücken herauskratzen und in einer Schale beiseitestellen. Vanilleschote mit Sahne und Mandeln in einem Topf unter Rühren kurz aufkochen, dann etwas abkühlen lassen.

2. Beiseitegestelltes Vanillemark mit Eigelb und Zucker zu einer schaumigen Masse aufschlagen. Die noch warme Mandel-Sahne-Masse nach und nach unter die Eiermasse rühren. Whisky ebenfalls nach und nach unterrühren.

3. Den Likör durch ein feines Sieb gießen, erkalten lassen und in gründlich gereinigte, gespülte Flaschen füllen. Die Flaschen fest verschließen und den Likör kalt stellen. Den Likör vor dem Trinken kräftig durchschütteln.

etwa 1,4 Liter

Zubereitungszeit: 30 Minuten
Haltbarkeit:
gekühlt etwa 14 Tage

Tipp:

*Flaschen mit kleinen Deko-
Girlanden umwickeln.*

Liebesapfellikör (Foto)
Zum Verschenken

Zutaten:

3	säuerliche Äpfel (etwa 400 g, z. B. Boskop)
	Saft von
1	Zitrone
80 g	gesiebter Puderzucker
200 ml	Grenadine-Sirup
500 ml (½ l)	Doppelkorn (38 Vol.-%)

1. Äpfel waschen, schälen, vierteln, entkernen und in kleine Stücke schneiden. Apfelstücke mit Zitronensaft mischen und pürieren. Puderzucker, Sirup und Doppelkorn hinzufügen und noch einmal pürieren.

2. Liebesapfellikör in eine gründlich gereinigte, gespülte Flasche füllen und fest verschließen. Likör sofort genießen oder im Kühlschrank aufbewahren. Vor dem Servieren den Likör kräftig durchschütteln.

Erdbeer-Joghurt-Likör
Beliebt

Zutaten:

500 g	Erdbeeren
200 ml	Erdbeersirup
500 g	Erdbeerjoghurt (3,5 % Fett)
1 Pck.	Dr. Oetker Vanillin-Zucker
400 ml	Doppelkorn (38 Vol.-%)

1. Erdbeeren waschen, abtropfen lassen, entstielen und vierteln. Erdbeerviertel mit Sirup, Joghurt und Vanillin-Zucker in einem hohen Rührbecher pürieren oder mit Handrührgerät mit Rührbesen auf höchster Stufe etwa 1 Minute durchrühren.

2. Doppelkorn hinzugießen und nochmals gut durchmixen oder durchrühren. Likör in gründlich gereinigte, gespülte Flaschen füllen, fest verschließen und kalt stellen.

selbst-
gemachter
Liebesapfel
Likör

Honiglikör mit Vanille (Foto)
Beliebt

etwa 1,4 Liter

Zubereitungszeit: 20 Minuten
Durchziehzeit: etwa 2 Monate
Haltbarkeit:
gekühlt etwa 6 Monate

Zutaten:

1	Vanilleschote
500 g	flüssiger Akazien-honig oder Linden-blütenhonig
200 ml	Wasser
700 ml	Weinbrand (40 Vol.-%)

1. Vanilleschote längs halbieren und das Mark mit einem Messerrücken herausschaben. Vanilleschote beiseitelegen. Vanillemark mit Honig und Wasser verrühren und in einem Topf bei schwacher Hitze erwärmen. Die Masse darf nicht kochen. Den Topf von der Kochstelle nehmen und den Weinbrand unterrühren.

2. Anschließend den Likör in gründlich gereinigte, gespülte Flaschen füllen. Beiseitegelegte Vanilleschote in Stücke schneiden und zum Likör in die Flaschen geben. Flaschen verschließen und etwa 2 Monate an einem dunklen, kühlen Ort (am besten im Keller) durchziehen lassen.

Zimtlikör
Einfach

etwa 1 Liter

Zubereitungszeit: 20 Minuten
Durchziehzeit:
etwa 4 Wochen
Haltbarkeit:
gekühlt etwa 3 Monate

Tipp:

Einige Zimtstangen mit Schleifenband an den Flaschenhals binden.

Zutaten:

6–8	Zimtstangen
1/2	Saft von Orange
125 g	brauner Zucker oder Kandis
700 ml	Weinbrand (40 Vol.-%)

1. Die Zimtstangen zusammen mit dem Orangensaft und dem braunen Zucker oder Kandis in eine gründlich gereinigte, gespülte Flasche geben. Weinbrand hinzugießen. Die Flasche verschließen, kurz durchschütteln und den Likör etwa 4 Wochen an einem kühlen, dunklen Ort (am besten im Keller) durchziehen lassen.

2. Den Zimtlikör durch ein mit einem Geschirrtuch ausgelegtes Sieb gießen und den Likör wieder in eine gründlich gereinigte, gespülte Flasche füllen. Flasche verschließen und kalt stellen.

etwa 3 Liter

Zubereitungszeit:
30 Minuten, ohne Saftziehzeit
Durchziehzeit:
etwa 6 Wochen
Haltbarkeit:
gekühlt 6–12 Monate

Tipp:

*Die Früchte schmecken nach
dem Abfüllen des Likörs hervorragend zu warmen Waffeln
mit Eis und Sahne.*

*Verwenden Sie nur Holunder,
der nach dem ersten Frost
geerntet wurde. Erst dann
entfalten die Beeren ihr volles
Aroma.*

Holunderlikör mit Gin (Foto)

Einfach

Zutaten:

etwa	
1,2 kg	Holunderbeeren
800 g	Zucker
2 l	Gin (43 Vol.-%)

1. Holunder gründlich abspülen, abtropfen lassen und
entstielen. Holunder mit dem
Zucker vermengen und 2–3 Stunden Saft ziehen lassen.

2. Holunder mit Saft in ein
großes, gründlich gereinigtes,
gespültes Glas geben, mit Gin
auffüllen. Das Glas gut verschließen und etwa 6 Wochen bei
Zimmertemperatur durchziehen
lassen. Das Glas ab und zu in die
Sonne stellen.

3. Anschließend den Ansatz
durch ein feines Sieb gießen,
in 3 gründlich gereinigte, gespülte Flaschen füllen. Flaschen
fest verschließen und im Kühlschrank aufbewahren.

etwa 1,4 Liter

Zubereitungszeit: 25 Minuten
Durchziehzeit: 5–6 Monate
Haltbarkeit:
gekühlt etwa 1 Jahr

Tipp:

*Verwenden Sie nur Schlehen,
die nach dem ersten Frost geerntet wurde.*

Schlehenlikör

Für Gäste

Zutaten:

750 g	Schlehen
300 g	weißer Kandis
2	Zimtstangen
700 ml	Doppelkorn
	(38 Vol.-%)

1. Schlehen verlesen, waschen, abtrocknen und etwas
zerdrücken.

2. Die zerdrückten Schlehen in
ein großes, gründlich gereinigtes
Glas geben, Kandis einstreuen,
Zimtstange hinzugeben und mit
dem Doppelkorn übergießen.
Das Glas fest verschließen und
den Likör bei Zimmertemperatur
4–6 Wochen durchziehen lassen.

3. Anschließend den Likör
durch ein mit einem Geschirrtuch ausgelegtes Sieb gießen,
den Likör dabei auffangen und
in gründlich gereinigte, gespülte
Flasche füllen. Flasche fest verschließen. Den Likör kalt und
dunkel gestellt etwa 4 weitere
Monate durchziehen lassen.

etwa 1 Liter

Zubereitungszeit:
15 Minuten, ohne Ziehzeit
Durchziehzeit: etwa 1 Monat
Haltbarkeit:
gekühlt etwa 6 Monate

Tipp:

Dieser Likör passt gut zu leckeren Plätzchen oder Keksen, z. B. zu Löffelbiskuit.

Teelikör (Foto)
Raffiniert

Zutaten:

1 geh. EL	grüner Tee (lose Blätter)
1	Schale von Bio-Zitrone (unbehandelt, ungewachst)
2 Stück	Sternanis
1	Zimtstange
250 g	weißer Kandis
700 ml	Doppelkorn (38 Vol.-%)

1. Tee mit 1 Tasse heißem Wasser überbrühen und etwa 5 Minuten ziehen lassen. Den Tee durch ein feines Sieb gießen. Die Zitrone gründlich heiß abwaschen und abtrocknen. Zitronenschale spiralförmig abschälen. Dabei darauf achten, dass nur die gelbe Schale und nicht das Weiße abgeschält wird.

2. Tee, Sternanis, Zimtstange und Zitronenschale in ein großes, gründlich gereinigtes, gespültes Glas geben. Kandis einstreuen und mit Doppelkorn übergießen.

3. Das Glas fest verschließen und etwa 1 Monat an einem kühlen, dunklen Ort (am besten im Keller) durchziehen lassen. Anschließend den Likör durch ein mit einem Geschirrtuch ausgelegtes Sieb gießen, den Likör in Flaschen füllen und kalt gestellt aufbewahren.

Früchteteelikör
Schnell

1–1,1 Liter

Zubereitungszeit:
15 Minuten, ohne Ziehzeit
Durchziehzeit: 4 Wochen
Haltbarkeit:
gekühlt etwa 6 Monate

Zutaten:

70 g	Früchtetee (loser Tee, z. B. Brombeertee)
200 ml	kochendes Wasser
300 g	weißer Kandis
600 ml	Wodka (40 Vol.-%)

1. Tee mit dem kochenden Wasser überbrühen und etwa 10 Minuten ziehen lassen. Anschließend den Früchtetee durch ein feines Sieb gießen, den Tee dabei auffangen.

2. Kandis in ein großes, gründlich gereinigtes, gespültes Glas geben. Mit dem Tee übergießen, mit Wodka auffüllen und das Glas fest verschließen.

3. Den Likör kalt und dunkel gestellt etwa 4 Wochen durchziehen lassen, ab und zu durchschütteln. Anschließend kalt gestellt aufbewahren.

etwa 1,2 Liter

Zubereitungszeit: 15 Minuten
Durchziehzeit:
etwa 2 Wochen
Haltbarkeit:
gekühlt 6–12 Monate

Tipp:

Sie können auch getrocknete Kamillenblüten verwenden.

Kräuterlikör (Foto)
Exotisch

Zutaten:

3 Stängel	Salbei
2 Stängel	Basilikum
2 Stängel	Zitronenverbene oder Zitronenmelisse
1 Stängel	Rosmarin
3 Stängel	Zitronengras
1 Stiel	Kamillenblüten
	Schale von
1	Bio-Limette (unbehandelt, ungewachst)
250 g	weißer Kandis
1 l	Wodka (40 Vol.-%)

1. Die Kräuter abspülen und trocken tupfen.

2. Limette gründlich heiß abwaschen und abtrocknen. Limettenschale abreiben. Dabei darauf achten, dass nur die grüne Schale und nicht das Weiße abgerieben wird.

3. Kräuter, Limettenschale und Kandis in ein großes, gründlich gereinigtes, gespültes Glas geben, mit dem Wodka übergießen. Das Glas fest verschließen und kurz schütteln.

4. Den Kräuterlikör etwa 2 Wochen an einem kühlen, dunklen Ort (am besten im Keller) durchziehen lassen. Anschließend den Likör durch ein mit einem Geschirrtuch ausgelegtes Sieb gießen, den aufgefangenen Likör in Flaschen füllen und kalt gestellt aufbewahren.

etwa 1,5 Liter

Zubereitungszeit:
25 Minuten,
ohne Koch- und Abkühlzeit
Durchziehzeit: 5 Tage
Haltbarkeit:
gekühlt etwa 6 Monate

Ingwerlikör
Zum Verschenken

Zutaten:

120 g	frische Ingwerwurzel
700 ml	heller Traubensaft
250 g	Zucker
500 ml (½ l)	Weingeist/Ethanol (hochprozentiger Alkohol aus der Apotheke, 90 Vol.-%)

1. Ingwer schälen und in kleine Würfel schneiden.

2. Traubensaft mit Zucker und Ingwerwürfeln in einem Topf zum Kochen bringen und etwa 10 Minuten kochen. Anschließend etwas abkühlen lassen, durch ein feines Sieb gießen. Die Flüssigkeit dabei auffangen und mit dem Weingeist verrühren.

3. Ingwerlikör in gründlich gereinigte, gespülte Flaschen füllen, fest verschließen und an einem kühlen, dunklen Ort (am besten im Keller) etwa 5 Tage durchziehen lassen.

etwa 0,75 Liter

Zubereitungszeit: 25 Minuten
Haltbarkeit:
gekühlt 3–6 Monate

Tipp:

Dieser Likör schmeckt toll zu einem Vanilleeis oder Vanille-Pudding.

Lebkuchenlikör (Foto)
Zum Verschenken

Zutaten:

100 g	Zartbitter-Schokolade (mind. 50 % Kakaoanteil)
400 g	haltbare Schlagsahne
100 g	gesiebter Puderzucker
2 gestr. TL	Lebkuchengewürz
200 ml	Doppelkorn (38 Vol.-%)

1. Schokolade in Stücke brechen. Schokolade mit der Sahne in einem kleinen Topf im Wasserbad bei schwacher Hitze unter Rühren schmelzen und zu einer geschmeidigen Masse verrühren.

2. Puderzucker hinzufügen und solange rühren, bis der Puderzucker vollständig aufgelöst ist. Anschließend den Topf von der Kochstelle nehmen. Lebkuchengewürz und Doppelkorn gut mit der Schokoladen-Sahne-Mischung verrühren.

3. Den Likör in gründlich gereinigte, gespülte Flaschen füllen. Flaschen gut verschließen und im Kühlschrank aufbewahren. Der Likör kann sofort getrunken werden.

Rote-Grütze-Likör
Raffiniert

etwa 1,5 Liter

Zubereitungszeit: 60 Minuten
Durchziehzeit: 6–8 Wochen
Haltbarkeit:
gekühlt etwa 6 Monate

Tipp:

Der Rote-Grütze-Likör kann mit oder ohne Früchte genossen werden.

Zutaten:

500 g	Sauerkirschen
300 g	Erdbeeren
150 g	schwarze Johannisbeeren
150 g	rote Johannisbeeren
250 g	Grümmel-Kandis
1 l	Doppelkorn (38 Vol.-%)
1	Zimtstange
1	Saft von Zitrone

1. Kirschen, Erdbeeren und Johannisbeeren waschen, gut abtropfen lassen und entstielen. Kirschen entsteinen. Früchte in ein gründlich gereinigtes, gespültes, hohes Glas füllen.

2. Grümmel-Kandis auf die Früchte geben und den Korn in das Glas gießen. Die Früchte müssen vollständig mit dem Alkohol bedeckt sein. Zimtstange und Zitronensaft hinzufügen und alles einmal gut durchrühren.

3. Glas mit einem Deckel fest verschließen und gut gekühlt etwa 6–8 Wochen durchziehen lassen, in der ersten Woche 2–3-mal umrühren.

4. Rote-Grütze-Likör nach Belieben in kleinere Gläser oder Flaschen mit einem dickeren Flaschenhals umfüllen, diese fest verschließen und kalt stellen.

etwa 1,2 Liter

Zubereitungszeit: 10 Minuten
Durchziehzeit: 5–6 Tage
Haltbarkeit:
gekühlt 9–12 Monate

Tipp:

Der Waldmeisterlikör hat eine schöne, grüne Farbe und eignet sich toll als Geschenk.

Wenn Sie keinen frischen Waldmeister erhalten, können Sie TK-Waldmeister verwenden.

Waldmeisterlikör (Foto)
Zum Verschenken

Zutaten:

2 Bund	frischer Waldmeister
300 g	Zucker
150 ml	Wasser
etwa 1 EL	getrocknete Orangenblüten (in Apotheken oder Kräuterläden erhältlich)
1 l	Slibowitz oder ein anderer heller Pflaumenschnaps

1. Waldmeister abspülen und trocken tupfen.

2. Zucker und Wasser in einem Topf aufkochen und 2–3 Minuten bei schwacher Hitze kochen lassen, bis sich der Zucker vollständig gelöst hat.

3. Waldmeister, Zuckerlösung, Orangenblüten und Slibowitz in ein großes, gründlich gereinigtes, gespültes Glas füllen und fest verschließen.

4. Den Likör dunkel und kalt gestellt 5–6 Tage durchziehen lassen. Anschließend durch ein mit einem Geschirrtuch ausgelegtes Sieb gießen, in Flaschen füllen und verschließen.

Tannenspitzenlikör
Raffiniert

etwa 1 Liter

Zubereitungszeit: 15 Minuten
Durchziehzeit: 6–8 Wochen
Haltbarkeit:
gekühlt 4–6 Monate

Zutaten:

1 Handvoll	junge, grüne Tannenspitzen
2	Wacholderbeeren
125 g	weißer Kandis
700 ml	Doppelkorn (38 Vol.-%)

1. Tannenspitzen unter fließendem kalten Wasser abspülen und trocken tupfen.

2. Wacholderbeeren etwas zerdrücken und in ein großes, gründlich gereinigtes, gespültes Glas geben. Tannenspitzen und Kandis zu den Wacholderbeeren geben und mit dem Doppelkorn übergießen. Die Flasche fest verschließen und den Likör etwa 6–8 Wochen an einem sonnigen Platz, z. B. auf der Fensterbank, durchziehen lassen.

3. Anschließend durch ein feines Sieb gießen und wieder in gründlich gereinigte, gespülte Flaschen füllen. Flaschen fest verschließen und den Likör kalt und dunkel gestellt aufbewahren.

etwa 1,2 Liter

Zubereitungszeit: 40 Minuten
Durchziehzeit: etwa 2 Tage
Haltbarkeit:
gekühlt etwa 6 Monate

Tipp:

Der Nuss-Nougat-Likör kann anstelle von weißem Rum auch mit Wodka zubereitet werden.

Servieren Sie den Nuss-Nougat-Likör zu Mini-Windbeuteln (z. B. TK-Windbeutel).

Nuss-Nougat-Likör
Beliebt

Zutaten:

50 g	gehackte Walnuss-kerne
50 g	gehackte Mandeln
250 g	Vollmilch-Schokolade (mind. 35 % Kakao)
etwas	Speiseöl, z. B. Sonnenblumenöl
4 EL	Instant-Espresso-pulver
250 g	brauner Zucker (Rohrzucker)
1 Pck.	Dr. Oetker Vanillin-Zucker
1 l	weißer Rum (37,5 Vol.-%)

1. Walnusskerne und Mandeln in einer Pfanne ohne Fett rösten und beiseitestellen.

2. Schokolade in Stücke brechen. Schokolade und Öl in einem kleinen Topf im Wasserbad bei schwacher Hitze unter Rühren schmelzen und mit Espressopulver verrühren. Nach und nach Zucker und Vanillin-Zucker unterrühren. So lange rühren, bis sich der Zucker vollständig gelöst hat.

3. Schokoladen-Masse mit den beiseitegestellten Walnusskernen, Mandeln und Rum verrühren und in ein großes, gründlich gereinigtes, gespültes Glas füllen. Glas gut verschließen und etwa 2 Tage kühl und dunkel gestellt (am besten im Keller) durchziehen lassen. Zwischendurch mehrmals kurz schütteln.

4. Anschließend den Nuss-Nougat-Likör durch ein feines Sieb passieren und in 3 gründlich gereinigte, gespülte Flaschen füllen. Flaschen fest verschließen und im Kühlschrank aufbewahren.

etwa 1,25 Liter

Zubereitungszeit: 20 Minuten
Durchziehzeit:
etwa 6 Wochen
Haltbarkeit:
gekühlt etwa 2 Monate

Heidelbeerlikör (Foto)
Klassisch

Zutaten:

200–300 g	Heidelbeeren
175 g	brauner Kandis
1	Zimtstange
3	Gewürznelken
700 ml	Weizenkorn (38 Vol.-%)

1. Die Heidelbeeren verlesen, vorsichtig abspülen und gut abtropfen lassen. Zimtstange etwas zerkleinern.

2. Zu gleichen Teilen die Heidelbeeren mit Kandis, Zimt und Nelken in 2 gründlich gereinigte, gespülte Flaschen geben und mit dem Weizenkorn auffüllen.

3. Die Flaschen verschließen, vorsichtig schütteln, kalt stellen und etwa 6 Wochen durchziehen lassen, bis sich der Kandis vollständig aufgelöst hat. Die Flaschen ab und zu vorsichtig schütteln.

4. Den Likör nach Belieben durch ein feines Sieb gießen, wieder in eine gründlich gereinigte, gespülte, große Flasche oder in kleine Flaschen umfüllen, fest verschließen und kalt gestellt aufbewahren.

etwa 0,7 Liter

Zubereitungszeit:
30 Minuten, ohne Abkühlzeit
Durchziehzeit: 6–8 Wochen
Haltbarkeit:
gekühlt 4–6 Monate

Brombeerlikör
Einfach

Zutaten:

60 ml	Wasser
150 g	Zucker
200 g	Brombeeren
250 ml (¼ l)	Wodka (40 Vol.-%)
1	Zimtstange

1. Wasser mit Zucker in einem Topf zum Kochen bringen und kurz aufkochen. Die Zuckerlösung erkalten lassen.

2. Brombeeren verlesen, waschen, gut abtropfen lassen und evtl. entstielen. Die Brombeeren in ein gründlich gereinigtes, gespültes Glas füllen.

3. Zuckerlösung und Wodka zu den Brombeeren ins Glas gießen, die Zimtstange hinzufügen und umrühren. Das Glas fest verschließen und kalt gestellt 6–8 Wochen durchziehen lassen.

4. Nach der Durchziehzeit den Likör durch ein mit einem Geschirrtuch ausgelegtes Sieb gießen. Den Likör wieder in gründlich gereinigte, gespülte Flaschen füllen, fest verschließen und gekühlt aufbewahren.

etwa 0,8 Liter

Zubereitungszeit:
15–20 Minuten
Durchziehzeit:
etwa 2 Wochen
Haltbarkeit:
gekühlt etwa 6 Monate

Mandellikör
Einfach

Zutaten:

150 g	abgezogene, ganze Mandeln
1 kleine	Zimtstange
1 Stück	Sternanis
3 Tropfen	Bittermandel-Aroma
125 g	brauner Kandis
700 ml	Weinbrand (40 Vol.-%)

1. Mandeln grob hacken und in einer Pfanne ohne Fett goldbraun rösten.

2. Mandeln mit den Gewürzen und dem Aroma in ein großes, gründlich gereinigtes, gespültes Glas geben. Den Zucker einstreuen und mit dem Weinbrand übergießen.

3. Das Glas fest verschließen und an einem kühlen, dunklen Ort (am besten im Keller) etwa 2 Wochen durchziehen lassen. Anschließend den Likör durch ein mit einem Geschirrtuch ausgelegtes Sieb gießen, in Flaschen abfüllen und verschließen.

Variante:
*Für einen **Vanille-Mandel-Likör** das Mark von 1–2 Vanilleschoten (auch die Schoten) und 2 Pck. Dr. Oetker Vanillin-Zucker mit in den Ansatz geben. Nach dem Filtern und Abfüllen die Vanilleschoten wieder in die gefüllten Flaschen geben. Die Vanilleschoten geben weiterhin ihr Aroma ab.*

etwa 2 Liter

Zubereitungszeit:
40 Minuten, ohne Abkühlzeit
Durchziehzeit:
etwa 6 Wochen
Haltbarkeit:
gekühlt etwa 6 Monate

Tipp:

Anstelle von Himbeeren und
Aprikosen schmecken auch
Erdbeeren und Limetten. Von
den Limetten (Bio-Limetten,
unbehandelt, ungewachst)
die abgeriebene grüne Schale
und den Saft verwenden.

Himbeer-Aprikosen-Likör
Beliebt

Zutaten:

300 ml	Wasser
700 g	Zucker
1,1 l	Doppelkorn (38 Vol.-%)
600 g	frische Himbeeren
600 g	Aprikosen (vorbereitet gewogen)

1. Wasser in einem Topf zum Kochen bringen. Zucker hinzufügen und solange rühren, bis sich der Zucker aufgelöst hat. Anschließend bei mittlerer Hitze etwa 10 Minuten sirupartig einkochen lassen. Topf von der Kochstelle nehmen. 100 ml Doppelkorn abmessen, mit dem Zuckersirup verrühren und erkalten lassen.

2. In der Zwischenzeit Himbeeren verlesen, evtl. kurz abspülen und gut abtropfen lassen. Aprikosen abspülen und trocken tupfen. Aprikosen halbieren, entsteinen und in kleine Stücke schneiden. Himbeeren und Aprikosen in einer flachen Schüssel mit einer Gabel oder einem Kartoffelstampfer zerdrücken und beiseitestellen.

3. Die vorbereiteten Früchte mit Saft, Zuckersirup und dem restlichen Doppelkorn in ein großes, gründlich gereinigtes, gespültes Glas füllen. Das Glas gut verschließen und an einem dunklen, kühlen Ort (am besten im Keller) etwa 6 Wochen durchziehen lassen. Das Glas ab und zu kurz schütteln.

4. Anschließend die Mischung durch ein feines Sieb gießen, den Likör auffangen, nochmals gießen und in gründlich gereinigte, gespülte Flaschen füllen. Die Flaschen gut verschließen und im Kühlschrank aufbewahren.

etwa 1,3 Liter

Zubereitungszeit: 20 Minuten, ohne Durchziehzeit
Durchziehzeit: etwa 1 Stunde
Haltbarkeit: 8–10 Wochen

Tipp:

Für den Orangen-Sahne-Likör nur ganz frische Eier verwenden, die nicht älter als 5 Tage sind (Legedatum beachten!!).

Orangen-Sahne-Likör (Foto)
Etwas aufwändiger

Zutaten:

	Saft (etwa 1 l) und Schale von
8	Bio-Orangen (unbehandelt, ungewachst)
125 g	weißer Kandis
500 g	haltbare Schlagsahne
3	Eigelb (Größe M)
700 ml	Wodka (40 Vol.-%)

1. Orangen gründlich heiß abwaschen und abtrocknen. Die Schale abreiben. Dabei darauf achten, dass nur die orange Schale und nicht das Weiße abgerieben wird. Orangen halbieren und den Saft auspressen. Den Saft in einem Topf bei mittlerer Hitze sirupartig einkochen lassen.

2. Kandis, Schlagsahne und Orangenschale in einen Topf geben, kurz aufkochen lassen und etwa 1 Stunde durchziehen lassen. Eigelb in einer großen Rührschüssel verschlagen.

3. Anschließend die Sahne nochmals aufkochen, heiß zu dem Eigelb geben und gut verrühren. Orangensirup und Wodka hinzugießen und gut verrühren. Anschließend den Likör durch ein feines Sieb gießen und in gründlich gereinigte, gespülte Flaschen füllen. Flaschen gut verschließen, den Likör erkalten lassen und gut gekühlt servieren.

etwa 0,8 Liter

Zubereitungszeit:
20 Minuten, ohne Kochzeit
Durchziehzeit: 1–2 Tage
Haltbarkeit:
gekühlt etwa 4 Wochen

Tipp:

Für den Orangen-Sahne-Likör nur ganz frische Eier verwenden, die nicht älter als 5 Tage sind (Legedatum beachten!!).

Feigen-Sahne-Likör
Zum Verschenken

Zutaten:

70 g	getrocknete Feigen
3 EL	Apfelsaft
10	Eigelb (Größe M)
200 g	gesiebter Puderzucker
1 Prise	gemahlener Zimt
125 g	Schlagsahne
500 ml (½ l)	Weinbrand (43 Vol.-%)

1. Feigen fein würfeln. Apfelsaft in einem kleinen Topf erhitzen und die Feigen darin etwa 15 Minuten dünsten.

2. Feigen mit Saft in einen hohen Rührbecher geben, pürieren und anschließend durch ein feines Sieb streichen.

3. Eigelb, Puderzucker und Zimt mit Handrührgerät mit Rührbesen aufschlagen, so lange rühren, bis eine cremige Masse entstanden ist. Nach und nach Weinbrand und pürierte Feigen hinzufügen und unterrühren.

4. Den Likör in gründlich gereinigte, gespülte Flaschen füllen, fest verschließen und kalt gestellt etwa 2 Tage durchziehen lassen.

etwa 1,5 Liter

Zubereitungszeit: 10 Minuten,
ohne Abkühlzeit
Durchziehzeit: etwa 1 Woche
Haltbarkeit:
gekühlt etwa 12 Monate

Tipp:

*Geben Sie 1–2 Esslöffel von
der Glühweinessenz in ein
Teeglas und füllen Sie das
Glas mit etwa 100 ml heißem
Wasser oder Früchtetee auf.
Servieren Sie das warme Ge-
tränk z. B. zu frischen Krapfen
oder Berlinern.*

Glühweinessenz
Schnell

Zutaten:

400 g	brauner Kandis
½ Pck.	Dr. Oetker Finesse Geriebene Zitronen-schale
½ Pck.	Dr. Oetker Finesse Geriebene Orangen-schale
700 ml	Rotwein, z. B. Dornfelder
2	Zimtstangen
4	Gewürznelken
2 Stück	Sternanis
600 ml	Portwein
100 ml	brauner Rum (54 Vol.-%)

1. Kandis, Zitronenschale, Orangenschale und Rotwein mit den Gewürzen in einen Topf geben, erhitzen (nicht kochen lassen) und 10–15 Minuten siru-partig einkochen und erkalten lassen.

2. Rotweinsirup mit Portwein und Rum verrühren und in ein großes, gründlich gereinigtes, gespültes Glas füllen. Das Glas fest verschließen und an einem kühlen, dunklen Ort etwa 1 Woche durchziehen lassen.

3. Anschließend die Glühwei-nessenz durch ein mit einem Geschirrtuch ausgelegtes Sieb filtern, in Flaschen abfüllen und wieder fest verschließen.

etwa 1,4 Liter

Zubereitungszeit: 30 Minuten
Haltbarkeit:
gekühlt etwa 14 Tage

Tipp:

Für den Likör nur ganz frische Eier verwenden, die nicht älter als 5 Tage sind (Legedatum beachten!!). Vor dem Servieren den Likör einmal gut durchschütteln.

Latte-Macchiato-Likör (Foto)
Raffiniert

Zutaten:

6	Eigelb (Größe M)
250 g	gesiebter Puderzucker
2 Pck.	Dr. Oetker Vanillin-Zucker
2 Dosen	Kondensmilch (10 % Fett, je 340 ml)
150 ml	Weingeist/Ethanol (hochprozentiger Alkohol aus der Apotheke, 90 Vol.-%)
150 ml	Whisky (40 Vol.-%)
180 ml	kalter, starker Espresso

1. Eigelb mit Puderzucker und Vanillin-Zucker mit Handrührgerät mit Rührbesen in 3 Minuten aufschlagen. Nach und nach Kondensmilch unterrühren.

2. Weingeist und Whisky langsam unter Rühren hinzugießen.

3. Latte-Macchiato-Likör in zwei gründlich gereinigte, gespülte Flaschen füllen und fest verschließen. Likör sofort genießen oder im Kühlschrank aufbewahren.

Extra-Tipp:

Das übrig gebliebene Eiweiß können Sie zu Baisers verarbeiten. Heizen Sie dazu Ihren Backofen bei Ober-/Unterhitze auf 120 °C vor. Schlagen Sie das Eiweiß so steif, dass ein Messerschnitt sichtbar bleibt. Nach und nach 300 g Zucker kurz unterheben. Setzen Sie die Eiweißmasse mit zwei Teelöffeln auf ein Backblech (mit Backpapier belegt) und backen Sie die Baisers 70–100 Minuten.

etwa 1,4 Liter

Zubereitungszeit:
30 Minuten, ohne Ruhezeit
Haltbarkeit:
gekühlt etwa 14 Tage

Amarettini-Kirsch-Likör
Beliebt

Zutaten:

1 Glas	Amarena-Kirschen (Inhalt 250 g)
100 g	Amarettini (ital. Mandelgebäck)
250 ml (¼ l)	Kirschsaft
250 g	Kirschjoghurt (3,5 % Fett)
250 g	Schlagsahne
100 ml	Kirschwasser (42 Vol.-%)
400 ml	Doppelkorn (38 Vol.-%)

1. Kirschen mit Saft, Amarettini und Kirschsaft in einen hohen Rührbecher geben und pürieren. Anschließend 10 Minuten ruhen lassen.

2. Kirschjoghurt, Sahne, Kirschwasser und Doppelkorn hinzufügen und nochmals pürieren.

3. Amarettini-Kirsch-Likör in gründlich gereinigte, gespülte Flaschen füllen, fest verschließen und kalt stellen. Likör vor dem Servieren einmal kräftig durchschütteln.

etwa 1,4 Liter

Zubereitungszeit:
30 Minuten, ohne Abkühlzeit
Haltbarkeit:
gekühlt etwa 2 Wochen

Tipp:

*Für diesen Likör nur ganz fri-
sche Eier verwenden, die nicht
älter als 5 Tage sind (Legedatum beachten!!).*

Mohnlikör
Raffiniert

Zutaten:

250 g	Mohnback (backfer-tige Mohnfüllung)
250 g	Schlagsahne
4	Eigelb (Größe M)
150 g	gesiebter Puder-zucker
700 ml	Doppelkorn (38 Vol.-%)

1. Mohnback mit Sahne in einem Topf unter Rühren kurz aufkochen und anschließend abkühlen lassen.

2. Eigelb und Puderzucker mit Handrührgerät mit Rührbesen schaumig aufschlagen. Mohn-sahne und Doppelkorn nach und nach unter Rühren hinzugießen, so dass ein cremiger Likör ent-steht.

3. Mohnlikör in zwei gründlich gereinigte, gespülte Flaschen füllen, fest verschließen und kalt stellen. Likör vor dem Servieren einmal kräftig durchschütteln.

Tipp:

Anstelle von Kümmelsamen können Sie auch Anis, Fenchel, Dill oder eine Mischung aus allen vier Gewürzsorten verwenden.

Der Kümmelschnaps schmeckt toll zu einer mit Griebenschmalz bestrichenen Scheibe Bauernbrot. Oder servieren Sie den Kümmelschnaps eiskalt nach einer üppigen Mahlzeit.

Kümmelschnaps (Foto)
Schnell

Zutaten:

50 g	Kümmelsamen
1 l	Branntwein (38 Vol.-%)

1. Kümmelsamen in ein großes, gründlich gereinigtes, gespültes Glas geben und mit Branntwein auffüllen. Das Glas gut verschließen und etwa 1 Woche durchziehen lassen.

2. Anschließend den Ansatz durch einen Kaffeefilter gießen, Schnaps dabei auffangen. Den Schnaps in gründlich gereinigte, gespülte Flaschen füllen und fest verschließen.

etwa 1 Liter

Zubereitungszeit:
20 Minuten, ohne Abkühlzeit
Durchziehzeit: 2 Wochen
Haltbarkeit:
gekühlt etwa 4 Wochen

Würziger Kräuterlikör
Klassisch

Zutaten:

125 ml (⅛ l)	Wasser
225 g	Zucker
je 1 Stängel	Rosmarin, Salbei, Basilikum, Thymian, frische Minze, Zitronenmelisse
5	Lorbeerblätter
700 ml	Southern Comfort (40 Vol.-%)

1. Wasser mit Zucker in einem Topf zum Kochen bringen und kurz aufkochen lassen. Die Zuckerlösung erkalten lassen.

2. Kräuter abspülen, trocken tupfen und in eine gründlich gereinigte, gespülte Flasche geben.

3. Zuckerlösung mit Southern Comfort verrühren und in die mit den Kräutern befüllte Flasche gießen. Die Flasche fest verschließen und kalt gestellt etwa 2 Wochen durchziehen lassen. Die Flasche gelegentlich schütteln.

4. Nach der Durchziehzeit den Likör nach Belieben durch ein feines Sieb gießen. Den Likör auffangen, in eine gründlich gereinigte, gespülte Flasche füllen und fest verschließen.

Würziger Eierlikör (Foto)

Raffiniert

Tipp:

Das Eiweiß von den 15 Eiern für Makronen- oder Baisergebäck verwenden.

Nur ganz frische Eier verwenden, die nicht älter als 5 Tage sind (Legedatum beachten!!).

Zutaten:

15	Eigelb (Größe M)
300 g	feiner Zucker
2	Vanilleschoten
1 Msp.	gemahlener Zimt
1 Msp.	gemahlener Koriander
700 ml	Weinbrand (40 Vol.-%)

1. Eigelb und Zucker in eine Rührschüssel geben und mit Handrührgerät mit Rührbesen zu einer cremigen Masse aufschlagen. Vanilleschote längs halbieren und das Mark mit einem Messerrücken herausschaben, mit Zimt und Koriander unter die Eigelbmasse rühren.

2. Weinbrand nach und nach unterschlagen. Die Masse kurze Zeit stehen lassen und nochmals durchschlagen.

3. Den Eierlikör in gründlich gereinigte, gespülte Flaschen füllen, verschließen und kalt stellen.

Eierlikör

Klassisch

Tipp:

Nur ganz frische Eier verwenden, die nicht älter als 5 Tage sind (Legedatum beachten!!).

Zutaten:

6	Eigelb (Größe M)
160 g	gesiebter Puderzucker
1 Pck.	Dr. Oetker Vanillin-Zucker
170 ml	Kondensmilch (10 % Fett)
500 ml (½ l)	Doppelkorn (38 Vol.-%)

1. Eigelb mit Puderzucker und Vanillin-Zucker mit Handrührgerät mit Rührbesen etwa 5 Minuten aufschlagen, bis eine cremige Masse entstanden ist. Kondensmilch unterschlagen, anschließend Doppelkorn nach und nach unterrühren.

2. Eierlikör in gründlich gereinigte, gespülte Flaschen füllen, fest verschließen und kalt stellen. Likör vor dem Servieren kräftig durchschütteln.

etwa 1,25 Liter

Zubereitungszeit:
25 Minuten, ohne Abkühlzeit
Haltbarkeit:
gekühlt etwa 6 Wochen

Espressolikör
Einfach

Zutaten:

250 ml (¼ l)	Wasser
375 g	Zucker
375 ml (³/₈ l)	kalter Espresso
250 ml (¼ l)	Aroma-Sirup Karamell-Geschmack (von MONIN)
250 ml (¼ l)	Weingeist/Ethanol (hochprozentiger Alkohol aus der Apotheke, 90 Vol.-%)

1. Wasser mit Zucker in einem Topf zum Kochen bringen und sirupartig einkochen lassen. Zuckerlösung mit Espresso und Aroma-Sirup verrühren und erkalten lassen. Anschließend Weingeist unterrühren.

2. Den Espressolikör in eine gründlich gereinigte, gespülte Flasche füllen und verschließen. Espressolikör sofort genießen oder kalt gestellt aufbewahren.

etwa 1 Liter

Zubereitungszeit: 20 Minuten
Haltbarkeit:
gekühlt etwa 14 Tage

Tipp:

Die Flasche mit einem Window-Color-Stift beschriften.

Feuerzauber (Foto)
Pikant

Zutaten:

1 Dose	pürierte Tomaten (400 g)
300 ml	Orangensaft
	Saft von
2	Zitronen
80 g	Zucker
2 TL	Tabasco
200 ml	Wodka (40 Vol.-%)
	frisch gemahlener Pfeffer

1. Tomaten mit Orangen-, Zitronensaft, Zucker, Tabasco und Wodka pürieren, oder mit Handrührgerät mit Rührbesen auf höchster Stufe zu einer cremigen Masse verrühren.

2. Feuerzauber mit Pfeffer abschmecken und in eine gründlich gereinigte, gespülte Flasche füllen. Die Flasche fest verschließen und kalt stellen.

etwa 1 Liter

Zubereitungszeit: 40 Minuten
Durchziehzeit: 1 Woche
Haltbarkeit:
gekühlt etwa 3 Wochen

Tipp:

Sie können den Sangrialikör pur genießen oder mit einem leichten, trockenen Rotwein aufgegossen servieren.

Sangrialikör
Fruchtig

Zutaten:

5	Orangen
1	Zitrone
2	Pfirsiche
250 ml (¼ l)	Weinbrand (40 Vol.-%)
120 g	Zucker
3	Nelken
1	Zimtstange

1. 3 Orangen so schälen, dass die weiße Haut mitentfernt wird. Orangen halbieren und in etwa 1 cm breite Scheiben schneiden. Orangenscheiben in ein gründlich gereinigtes, gespültes Glas (1 Liter) geben.

2. Die restlichen Orangen und die Zitrone halbieren und den Saft auspressen. Pfirsiche waschen, abtrocknen, halbieren und entsteinen. Pfirsichhälften in schmale Spalten schneiden und mit ins Glas geben.

3. Orangen- und Zitronensaft mit Weinbrand und Zucker verrühren, bis sich der Zucker aufgelöst hat. Dann Nelken und Zimtstange hinzufügen und die Weinbrand-Zucker-Lösung über die Früchte ins Glas gießen. Einmal gut durchrühren.

4. Glas fest verschließen und an einem kühlen, dunklen Ort (am besten im Keller) etwa 1 Woche durchziehen lassen.

etwa 2,3–2,5 Liter

Zubereitungszeit:
40 Minuten, ohne Abkühlzeit
Durchziehzeit:
etwa 2 Wochen
Haltbarkeit:
gekühlt etwa 1 Jahr

Limoncello mit Wodka
Erfrischend

Zutaten:

400 ml	Wasser
1 kg	Zucker
1,2 l	Wodka
6	Bio-Zitronen (unbehandelt, ungewachst)
1	Bio-Orange (unbehandelt, ungewachst)
200 ml	Zitronensaft

1. Wasser in einem Topf zum Kochen bringen. Zucker hinzugeben und so lange rühren, bis sich der Zucker vollständig gelöst hat. Zuckerwasser bei mittlerer Hitze etwa 10 Minuten sirupartig einkochen lassen. Topf von der Kochstelle nehmen. 200 ml Wodka abmessen, mit dem Zuckersirup verrühren und erkalten lassen.

2. Zitronen und Orange gründlich heiß abwaschen und abtrocknen. Zitronen und Orange mit einem Sparschäler dünn abschälen. Dabei darauf achten, dass nur die gelbe und orange Schale und nicht das Weiße abgeschält wird. Schale in feine Streifen schneiden. Die Schale, den restlichen Wodka und den Zitronensaft gut mit dem Zucker-Wodka-Sirup verrühren und in ein gründlich gereinigtes, gespültes Glas füllen. Etwa 2 Wochen an einem dunklen, kühlen Ort (am besten im Keller) durchziehen lassen.

3. Anschließend den Limoncello durch ein mit einem Geschirrtuch ausgelegtes Sieb gießen und in gründlich gereinigte, gespülte Flaschen füllen. Flaschen jeweils fest verschließen und im Kühlschrank aufbewahren.

Tipp:
Limoncello wird eiskalt serviert. Nach Belieben eine Stunde vor dem Servieren in die Tiefkühltruhe legen.

Mirabellen in Vanille-Wodka (Foto)
Zum Verschenken

etwa 1,2–1,4 Liter

Zubereitungszeit:
30 Minuten, ohne Ziehzeit
Durchziehzeit:
etwa 4 Wochen
Haltbarkeit:
gekühlt 3–4 Monate

Tipp:

Bei sehr reifen Früchten kön-nen Sie die Zuckermenge nach Belieben reduzieren. Mit Vanilleeis servieren oder 1–2 Früchte mit Sekt auffüllen.

Zutaten:

1	Vanilleschote
0,7 l	Wodka (40 Vol.-%)
400 g	frische Mirabellen
250 g	brauner Zucker (Rohrzucker)

1. Vanilleschote längs halbie-ren und das Mark mit dem Mes-serrücken herausschaben. Vanil-lemark mit dem Wodka verrüh-ren. Vanilleschote beiseitelegen.

2. Mirabellen waschen, ab-tropfen lassen und die Haut mit einem scharfen Messer einschneiden. Mirabellen und Zucker in einer Schüssel vermen-gen und etwa 60 Minuten ziehen lassen.

3. Mirabellen mit der besei-tegelegten Vanilleschote in gründlich gereinigte, gespülte Gläser füllen und mit Vanille-Wodka auffüllen, bis die Früchte vollständig bedeckt sind. Die Gläser fest verschließen und etwa 4 Wochen an einem kühlen, dunklen Ort durchziehen lassen.

Eingelegte Feigen
Gut vorzubereiten

etwa 1 Liter

Zubereitungszeit:
30 Minuten, ohne Abkühlzeit
Durchziehzeit:
etwa 4 Wochen
Haltbarkeit:
gekühlt etwa 6 Wochen

Tipp:

Zum Servieren eine Feige in ein Glas geben und mit der Likörflüssigkeit auffüllen.

Zutaten:

125 ml (⅛ l)	Wasser
225 g	Zucker
12	frische Feigen
20 g	frische Ingwerwurzel
250 ml (¼ l)	Wodka (40 Vol.-%)

1. Wasser mit Zucker in einem Topf verrühren, zum Kochen brin-gen, einmal kurz aufkochen und anschließend erkalten lassen.

2. Feigen vorsichtig unter kal-tem Wasser abspülen, trocken tupfen und in ein großes, gerei-nigtes, gespültes Glas schichten.

3. Ingwer schälen, in dünne Scheiben schneiden und zu den Feigen ins Glas geben. Zucker-lösung und Wodka hinzugießen, vorsichtig umrühren und das Glas verschließen. Eingelegte Feigen kalt stellen und etwa 4 Wochen durchziehen lassen.

Weinbrand-Quitten (Foto)
Für Gäste

etwa 3 Liter

Zubereitungszeit:
40 Minuten, ohne Abkühlzeit
Durchziehzeit: 2–3 Wochen
Haltbarkeit:
gekühlt etwa 4 Monate

Zutaten:

2 kg	Quitten
500 g	flüssiger Honig
500 g	Zucker
etwa 4 EL	Weißweinessig
700 ml	Wasser
125 ml (⅛ l)	Weinbrand (40 Vol.-%)

1. Die Quitten mit einem Küchentuch abreiben, um den Flaum zu entfernen. Quitten schälen, halbieren, entstielen, entkernen und in Scheiben schneiden.

2. Honig mit Zucker, Essig und Wasser in einem Topf zum Kochen bringen. Zuckerlösung so lange unter Rühren kochen, bis sich der Zucker vollständig gelöst hat.

3. Die Quittenscheiben hineingeben, zum Kochen bringen und bei schwacher Hitze 20–30 Minuten ziehen lassen. Anschließend die Quittenscheiben mit einer Schaumkelle herausnehmen und in gründlich gereinigte, gespülte Gläser geben.

4. Die Zuckerlösung sirupartig einkochen und abkühlen lassen. Zuckersirup mit dem Weinbrand verrühren, über die Quitten geben und die Gläser fest mit Deckeln verschließen. Weinbrand-Quitten kühl und dunkel gestellt aufbewahren.

Weinbrand-Kirschen
Klassisch

1,5–2 Liter

Zubereitungszeit: 20 Minuten
Durchziehzeit: 8 Wochen
Haltbarkeit:
gekühlt etwa 6 Monate

Zutaten:

1 kg	schwarze Herzkirschen
500 g	weißer Kandis
2	Zimtstangen
5	Gewürznelken
5	Pimentkörner
3–4	ganze Muskatblüten
1 l	Weinbrand (40 Vol.-%)

1. Kirschen waschen, abtrocknen, entstielen und die Kirschen rundherum mehrmals mit einem Zahnstocher einstechen.

2. Kirschen in ein großes, gründlich gereinigtes, gespültes Glas geben und den Zucker einstreuen. Zimtstangen, Gewürznelken, Pimentkörner und Muskatblüten hinzugeben. Die Zutaten mit Weinbrand übergießen, das Glas fest verschließen und an einem kühlen, dunklen Ort (am besten im Keller) etwa 8 Wochen durchziehen lassen.

3. Anschließend die Gewürze entfernen und die Kirschen kalt gestellt aufbewahren.

Grapefruit in Wodka und Aperol

Erfrischend

Früchte in Alkohol

etwa 2 Liter

Zubereitungszeit: 35 Minuten
Durchziehzeit: etwa 1 Monat
Haltbarkeit:
gekühlt etwa 6 Monate

Zutaten:

180 g	Zucker
600 ml	Wasser
1 kg	Bio-Grapefruits (unbehandelt, ungewachst), z. B. Pink Grapefruits
etwa	
300 ml	Wodka (40 Vol.-%)
150 ml	Aperol (Bitterlikör)

1. Zucker mit Wasser in einem Topf unter Rühren erhitzen, so lange weiterrühren, bis sich der Zucker aufgelöst hat. Grapefruits gründlich heiß abwaschen, abtropfen lassen und jeweils quer in 6 Scheiben schneiden. Gründlich gereinigte, gespülte Gläser im Backofen bei niedriger Temperatur vorwärmen.

2. Grapefruitscheiben in die Zuckerlösung geben und 15–20 Minuten bei schwacher Hitze kochen lassen. Anschließend die Grapefruitscheiben mit einer langen Pinzette oder einer Schaumkelle aus der Zuckerlösung nehmen und in die vorgewärmten Gläser geben. Jeweils mit etwas Wodka und Aperol übergießen und mit der Zuckerlösung auffüllen. Gläser sofort fest verschließen. Gläser kurz auf den Kopf stellen, damit sich die Flüssigkeiten verbinden. Etwa 1 Monat an einem kühlen und dunklen Ort (am besten im Keller) durchziehen lassen.

Tipp:

Der Likör schmeckt zu griechischem Joghurt, Grießpudding oder Desserts mit Weihnachtsgewürzen. Nach Belieben können Sie Aperol durch Grand Manier oder Cointreau ersetzten, dann schmeckt der Likör nicht so bitter.

Aprikosen-Mandel-Verführung
Beliebt

etwa 3 Liter

Zubereitungszeit:
30 Minuten, ohne Abkühlzeit
Durchziehzeit:
etwa 6 Wochen
Haltbarkeit:
gekühlt 4–6 Monate

Zutaten:

250 g	Zucker
280 ml	Wasser
1,5 kg	Aprikosen
500 ml (½ l)	Rum (80 Vol.-%)
150 ml	Weingeist/Ethanol (hochprozentiger Alkohol aus der Apotheke, 90 Vol.-%)
400 g	weißer Kandis
15	abgezogene Mandeln
1	Zimtstange
5 Tropfen	Bittermandel-Aroma

1. Zucker mit Wasser in einem Topf verrühren, zum Kochen bringen, so lange unter Rühren kochen, bis der Zucker vollständig gelöst ist. Zuckerlösung abkühlen lassen.

2. Aprikosen abspülen und in eine Schüssel legen. Aprikosen mit kochendem Wasser übergießen und nach etwa 1 Minute mit kaltem Wasser abschrecken.

3. Aprikosen enthäuten, halbieren, entsteinen und je nach Größe halbieren oder vierteln. Aprikosenhälften oder -viertel in ein großes, gründlich gereinigtes, gespültes Glas geben.

4. Rum, Weingeist und Zuckerlösung zu den Aprikosen in das Glas gießen. Kandis, Mandeln, Zimtstange und Aroma hinzufügen und alles einmal kräftig durchrühren. Das Glas fest verschließen, dunkel und kalt gestellt etwa 6 Wochen durchziehen lassen. In den ersten Tagen das Glas vorsichtig schütteln, damit sich die Zutaten gut miteinander vermischen.

Tipp:

Die beschwipsten Aprikosen in kleine Stücke schneiden und mit dem Likör servieren oder evtl. mit trockenem Sekt aufgießen.

Rotweinpflaumen mit grünem Pfeffer (Foto)
Raffiniert

1,5–2 Liter

Zubereitungszeit:
15–20 Minuten
Durchziehzeit: etwa 2 Monate
Haltbarkeit:
gekühlt etwa 12 Monate

Tipp:
Rotweinpflaumen mit grünem Pfeffer passen gut zu Grießpudding oder Vanilleeis.

Zutaten:

1 kg	frische Pflaumen
½	Vanilleschote
3 TL	grüne Pfefferkörner
2 Stängel	Thymian
3	Lorbeerblätter
350 g	brauner Kandis
1 l	trockener Rotwein

1. Pflaumen waschen, abtrocknen, halbieren und entsteinen. Die Außenseite der Pflaumen mehrmals mit einer Nadel einstechen.

2. Vanilleschote längs halbieren und das Mark herausschaben, Vanilleschote beseitelegen.

3. Vanillemark mit Pflaumen, Pfefferkörnern, Thymian, Lorbeerblättern und beiseitegelegter Vanilleschote in ein großes, gründlich gereinigtes, gespültes Glas geben. Anschließend Zucker einstreuen und mit dem Rotwein übergießen.

4. Das Glas fest verschließen. Die Pflaumen kalt und dunkel gestellt etwa 2 Monate durchziehen lassen.

Pflaumen in Rum
Einfach

1,5–2 Liter

Zubereitungszeit:
35 Minuten, ohne Kochzeit
Durchziehzeit: 3–4 Wochen
Haltbarkeit:
gekühlt etwa 4 Monate

Zutaten:

1–1 ½ l	Wasser
500 g	Pflaumen
250 g	brauner Kandis
1	Zimtstange
700 ml	brauner Rum (54 Vol.-%)

1. Wasser in einem Topf mit Deckel zum Kochen bringen. Pflaumen waschen, halbieren und entsteinen. Pflaumen ins kochende Wasser geben, wieder zum Kochen bringen und etwa 5 Minuten kochen lassen. Anschließend die Pflaumen in einem Sieb abtropfen lassen.

2. Pflaumen in ein großes, gründlich gereinigtes, gespültes Glas füllen, Kandis einstreuen und Zimtstange hinzugeben.

3. Den Rum hinzugießen, Zutaten kräftig durchrühren und das Glas fest verschließen. Die Pflaumen an einem kühlen, dunklen Ort (am besten im Keller) 3–4 Wochen durchziehen lassen.

Himbeeren in Weinbrand (Foto)
Schnell

etwa 1,7 Liter

Zubereitungszeit:
20 Minuten, ohne Abkühlzeit
Durchziehzeit:
etwa 3 Wochen
Haltbarkeit:
gekühlt 4–6 Monate

Zutaten:

500 g	Himbeeren
250 ml	
(¼ l)	Wasser
500 g	Zucker
750 ml	
(¾ l)	Weinbrand
	(43 Vol.-%)

1. Himbeeren verlesen, evtl. kurz abspülen, gut abtropfen lassen und in ein großes, gründlich gereinigtes, gespültes Glas geben.

2. Wasser mit Zucker in einem Topf zum Kochen bringen und unter Rühren so lange kochen, bis der Zucker vollständig gelöst ist. Die Zuckerlösung etwas abkühlen lassen und über die Himbeeren gießen.

3. Weinbrand hinzugießen und kräftig umrühren. Die Himbeeren in Weinbrand vollständig erkalten lassen. Himbeeren etwa 3 Wochen an einem kühlen, dunklen Ort (am besten im Keller) durchziehen lassen. Himbeeren kalt gestellt aufbewahren.

Exotische Früchte in Weinbrand
Für Gäste

etwa 1,5 Liter

Zubereitungszeit: 40 Minuten
Durchziehzeit: 3 Wochen
Haltbarkeit:
gekühlt etwa 4 Monate

Zutaten:

200 g	Lychees (aus der Dose)
4–5	mittelgroßes Kiwis
2	Mangos
1	Orange
1	kleine Ananas
1	Papaya
knapp 250 ml (¼ l)	Lycheesaft
250 g	Zucker
2 TL	gemahlener Ingwer
700 ml	Weinbrand (40 Vol.-%)
50 ml	Weingeist/Ethanol (hochprozentiger Alkohol aus der Apotheke, 90 Vol.-%)

1. Lychees in einem Sieb abtropfen lassen, den Saft dabei auffangen. Kiwis schälen und in Scheiben schneiden.

2. Mangofruchtfleisch in Spalten von den Steinen schneiden, Fruchtfleisch schälen und in mundgerechte Stücke schneiden. Orange schälen, dabei darauf achten, dass auch die weiße Haut entfernt wird. Orange filetieren.

3. Ananas schälen, in Scheiben schneiden und den harten Strunk entfernen. Papaya schälen, halbieren und entkernen.

Ananas und Papaya ebenfalls in mundgerechte Stücke schneiden. Die vorbereiteten Früchte in ein großes, gründlich gereinigtes, gespültes Glas geben.

4. Lycheesaft mit Zucker und Ingwer zum Kochen bringen und kurz aufkochen lassen. Weinbrand und Weingeist hinzugießen, verrühren und über die Früchte in das Glas gießen.

5. Das Glas fest verschließen. Exotische Früchte kalt und dunkel gestellt (am besten im Keller) etwa 3 Wochen durchziehen lassen.

Clementinen-Ratafia
Erfrischend

etwa 1,2 Liter

Zubereitungszeit: 20 Minuten
Durchziehzeit: etwa 2 Monate
Haltbarkeit:
gekühlt etwa 12 Monate

Zutaten:

12	Bio-Clementinen (unbehandelt, ungewachst)
1 TL	Korianderkörner
2	Zimtstangen
700 ml	Wodka (40 Vol.-%)
400 g	Zucker

1. Clementinen gründlich heiß abwaschen und abtrocknen. Clementinen mit einem Sparschäler dünn abschälen. Dabei darauf achten, dass nur die orange Schale und nicht das Weiße abgeschält wird. Schale in feine Streifen schneiden. Die Hälfte der Clementinen halbieren und den Saft auspressen, die andere Hälfte Clementinen in dünne Scheiben schneiden. Korianderkörner leicht zerstoßen. Zimtstangen in Stücke brechen.

2. Clementinenschale, -scheiben, -saft, Zimt, Wodka und Zucker in ein großes, gründlich gereinigtes, gespültes Glas füllen. Glas verschließen und kräftig schütteln. Ratafia etwa 2 Monate an einem kühlen, dunkeln Ort (am besten im Keller) durchziehen lassen. Zwischendurch schütteln.

3. Nach etwa 2 Monaten den angesetzten Ratafia durch ein mit einem Geschirrtuch ausgelegtes Sieb gießen und in 2 Flaschen (je 0,6 l) füllen. Flaschen fest verschließen und kalt stellen.

Tipp:

Nach Belieben können Sie anstelle von Wodka auch Gin oder Weinbrand verwenden. Die herausgefilterten Clementinenscheiben in ein Glas geben und mit Ratafia aufgefüllt servieren.

Weißer Rumtopf
Gut vorzubereiten

Zubereitungszeit: 60 Minuten
Durchziehzeit: etwa 1 Woche
Haltbarkeit:
gekühlt 2–3 Wochen

Zutaten:

5	Kiwis
300 g	Bio-Kumquats (unbehandelt, ungewachst)
1 reife	Ananas (etwa 1 kg)
1 große	Mango
250 g	Lychees (evtl. aus der Dose)
1	Bio-Limette (unbehandelt, ungewachst)
500 g	Zucker
750 ml (3/4 l)	weißer Rum (37,5 Vol.-%)

1. Kiwis dünn schälen und in Scheiben schneiden. Kumquats gründlich heiß abwaschen, abtrocknen und jede Frucht mehrmals mit einem Zahnstocher einstechen.

2. Ananas schälen, halbieren, den holzigen Strunk entfernen und das Fruchtfleisch in Spalten schneiden.

3. Mangofruchtfleisch in Spalten vom Stein schneiden und das Fruchtfleisch schälen. Lychees schälen und die Kerne herauslösen. Limette gründlich heiß abwaschen, abtrocknen und in Scheiben schneiden.

4. Die vorbereiteten Früchte mischen und in ein hohes, gründlich gereinigtes, gespültes Glas schichten.

5. Etwa 1/4 des Rums leicht erwärmen, Zucker darin auflösen, dann den restlichen Rum hinzugießen.

6. Die Früchte mit der Zucker-Rum-Lösung übergießen, das Glas fest verschließen und an einem dunklen, kühlen Ort etwa 1 Woche durchziehen lassen.

Tipp:

Der Rumtopf hält sich 2–3 Wochen. Die Früchte schmecken auch gut zu Eis oder mit Sahne.

Datteln in Dessertwein (Foto)
Raffiniert

etwa 1,1 Liter

Zubereitungszeit: 15 Minuten
Durchziehzeit: etwa 1 Monat
Haltbarkeit:
gekühlt etwa 6 Monate

Tipp:

Die Datteln in Dessertwein passen sehr gut zu Käse und Nachspeisen. Servieren Sie die Datteln zu in Scheiben geschnittenen Ziegenkäse. Stecken Sie hierfür die Datteln mit einem Holzspießchen auf einer Scheibe Ziegenkäse fest.

Zutaten:

etwa	
300 g	Datteln (ohne Stein)
½	Vanilleschote
½	Zimtstange
3	Gewürznelken
5	weiße Pfefferkörner
1 Msp.	Kardamompulver
125 g	brauner Kandis
700 ml	Dessertwein, z. B. Eiswein, Sauternes, Marsala, Sherry oder Portwein

1. Vanilleschote, Zimtstange, Gewürznelken, Pfefferkörner und Kardamom in ein großes, gründlich gereinigtes, gespültes Glas geben. Den braunen Zucker einstreuen und mit Dessertwein übergießen.

2. Das Glas fest verschließen und kurz schütteln. Die Datteln etwa 1 Monat kalt und dunkel gestellt (am besten im Keller) durchziehen lassen. Anschließend die Datteln in ein Sieb geben, den Dessertwein dabei auffangen und in gründlich gereinigte, gespülte Flaschen mit einem weiten Flaschenhals abfüllen. Die Datteln aus dem Sieb in die Flaschen geben, die Flaschen fest verschließen und kalt gestellt aufbewahren.

Feigen in Portwein
Für Gäste

etwa 1,25 Liter

Zubereitungszeit: 25 Minuten
Durchziehzeit: 1 Woche
Haltbarkeit:
gekühlt 1–2 Monate

Tipp:
Feigen in Portwein zu Vanille-eis servieren.

Zutaten:

500 g	frische, blaue Feigen
1	große Bio-Orange (unbehandelt, ungewachst)
2	Zimtstangen
6	Gewürznelken
4	Wacholderbeeren
250 g	brauner Kandis
700 ml	roter Portwein

1. Feigen vorsichtig waschen, trocken tupfen, halbieren und in ein großes, gründlich gereinigtes, gespültes Glas geben. Orange gründlich heiß abwaschen, abtrocknen und mit einem Sparschäler dünn schälen. Dabei darauf achten, dass nur die orange Schale und nicht die weiße Haut abgeschält wird.

2. Orangenschale mit Zimtstangen, Gewürznelken, Wacholderbeeren und Kandis zu den Feigen geben, mit Portwein auffüllen. Das Glas fest verschließen und an einem kühlen, dunklen Ort (am besten im Keller) etwa 1 Woche durchziehen lassen.

Ananas in weißem Rum (im Foto vorne)

Raffiniert

Zutaten:

2	Ananas (je etwa 900 g)
300 g	weißer Kandis
1–2	Vanilleschoten
1	Bio-Zitrone (unbehandelt, ungewachst)
400 ml	weißer Rum (37,5 Vol.-%)

1. Von den Ananas die Enden abschneiden. Ananas in etwa 1½ cm dicke Scheiben schneiden. Die Scheiben schälen, halbieren und den harten Strunk entfernen.

2. Ananasscheiben mit Kandis in ein großes, gründlich gereinigtes, gespültes Glas geben.

3. Vanilleschoten in Stücke schneiden. Zitrone gründlich heiß abwaschen und abtrocknen. Das Gelbe der Zitronenschale abreiben und mit Vanilleschotenstücken zu den Ananasscheiben geben.

4. Mit Rum auffüllen und das Glas fest verschließen. Ananas in weißem Rum an einem kühlen, dunklen Ort etwa 1 Woche ziehen lassen.

Pflaumen und Walnüsse in Armagnac (im Foto hinten)

Schnell

etwa 1,25 Liter

Zubereitungszeit: 15 Minuten
Durchziehzeit: 2 Wochen
Haltbarkeit:
gekühlt etwa 3 Monate

Tipp:

Anstelle von Armagnac können Sie auch Cognac verwenden.
Die Pflaumen und Walnüsse in Armagnac schmecken gut zu Pudding oder Lebkuchen-Soufflé.

Zutaten:

250 g	Backpflaumen
100 g	Walnusskerne
100 g	brauner Kandis
6	Wacholderbeeren
1–2	Zimtstangen
700 ml	Armagnac (40 Vol.-%)

1. Backpflaumen mit Walnusskernen, Kandis, Wacholderbeeren und Zimtstange in ein großes, gründlich gereinigtes, gespültes Glas geben und mit Armagnac auffüllen.

2. Das Glas fest verschließen und 2 Wochen bei Zimmertemperatur durchziehen lassen.

1,5–1,8 Liter

Zubereitungszeit:
15 Minuten, ohne Saftziehzeit
Durchziehzeit:
etwa 4 Wochen
Haltbarkeit:
gekühlt 6–12 Monate

Erdbeeren mit Orange und Mandeln in Doppelkorn

Fruchtig

Zutaten:

1 kg	Erdbeeren
3 TL	Zucker
1	Bio-Orange (unbehandelt, ungewachst)
50 g	abgezogene, ganze Mandeln
320 g	brauner Kandis
1 l	Doppelkorn (38 Vol.-%)

1. Erdbeeren waschen, gut abtropfen lassen und entstielen. Große Erdbeeren halbieren. Erdbeeren und Zucker in einer Schüssel vermengen und Saft ziehen lassen. Inzwischen die Orange gründlich heiß abwaschen und abtrocknen. Orange mit einem Sparschäler dünn abschälen. Dabei darauf achten, dass nur die Orangenschale und nicht das Weiße abgeschält wird.

2. Erdbeeren mit Saft, Orangenschale, Mandeln und Kandiszucker in ein großes, gründlich gereinigtes, gespültes Glas füllen. Mit Doppelkorn auffüllen und das Glas gut verschließen. Einmal kurz schütteln, damit sich die Zutaten vermischen, dann an einem kühlen, dunklen Ort (am besten im Keller) etwa 4 Wochen durchziehen lassen.

Tipp:

Anstelle von Doppelkorn und Kandiszucker können Sie auch weißen Rum und Rohrzucker verwenden. Dadurch erhalten die Erdbeeren eine karibische Note.

Schwarze Walnüsse
Für Gäste

1 Glas zu 2 l

Zubereitungszeit: 3 Stunden
an verschiedenen Tagen
Durchziehzeit: etwa 2 Monate
Haltbarkeit:
gekühlt etwa 6 Monate

Zutaten:

700 g	grüne Walnüsse
200 ml	Wasser
600 g	Zucker
700 ml	Weinbrand
	(38 Vol.-%)

1. Die Walnüsse mit kaltem Wasser übergießen und die Nüsse in dem Wasser mit einer Nadel mehrmals einstechen (um keine schwarzen Finger zu bekommen, Gummihandschuhe tragen).

2. Die Walnüsse bleiben 10 Tage im Wasser liegen, dabei wird 2-mal täglich das Wasser gewechselt.

3. Am 11. Tag die Nüsse abgießen und anschließend mit kochendem Wasser übergießen. Nüsse abtropfen lassen.

4. Wasser mit Zucker in einem großen Topf zum Kochen bringen und die Walnüsse darin etwa 50 Minuten kochen, gelegentlich umrühren. Nüsse in der Zuckerlösung etwas abkühlen lassen, in ein großes, gründlich gereinigtes, gespültes Glas füllen und erkalten lassen. Glas fest verschließen und 4 Tage kalt stellen.

5. Walnüsse in ein Sieb abgießen, dabei die Zuckerlösung auffangen. Zuckerlösung in einen Topf geben, zum Kochen bringen und etwa 5 Minuten kochen lassen.

6. Die heiße Zuckerlösung über die Walnüsse geben und erkalten lassen. Weinbrand unter Rühren hinzugießen. Das Glas wieder fest verschließen und die Walnüsse kalt gestellt 2 Monate durchziehen lassen.

Tipp:

Grüne Walnüsse werden Mitte bis Ende Juni geerntet. Die innere Schale der Walnüsse muss noch weich sein.

Schwarze Walnüsse schmecken pur, passen gut als Beilage zu Wildgerichten, aber auch mit Vanille-Pudding als Dessert. Oder belegen Sie mit Frischkäse bestrichene Kräcker mit in Scheiben geschnittenen schwarzen Walnüssen.

Eingelegte Kumquats (Foto)
Raffiniert

etwa 1 Liter

Zubereitungszeit:
35 Minuten, ohne Abkühlzeit
Durchziehzeit:
etwa 12 Stunden
Haltbarkeit:
gekühlt 2–3 Wochen

Zutaten:

20	Bio-Kumquats (unbehandelt, ungewachst)
4	Ingwerpflaumen (in Sirup eingelegt)
16	Gewürznelken
1	Zimtstange
50 g	Pinienkerne
1 EL	Minzeblättchen
250 ml (¼ l)	Wasser
150 g	Zucker
6 EL	Orangenlikör

1. Kumquats gründlich heiß abwaschen und abtrocknen. Kumquats mit einem Zahnstocher mehrmals einstechen und in ein großes, gründlich gereinigtes, gespültes Glas geben.

2. Ingwerpflaumen in einem Sieb abtropfen lassen. Abgetropfte Ingwerpflaumen vierteln, zusammen mit Nelken, Zimt, Pinienkernen und Minzeblättchen zu den Kumquats geben.

3. Wasser mit Zucker in einem Topf zum Kochen bringen und etwa 10 Minuten unter Rühren kochen lassen. Die Kumquats mit der Zuckerlösung übergießen und erkalten lassen.

4. Anschließend den Orangenlikör hinzufügen. Das Glas fest verschließen und im Kühlschrank etwa 12 Stunden durchziehen lassen. Die eingelegten Kumquats kalt und dunkel gestellt aufbewahren.

Eingelegte Orangen
Einfach

Tipp:

Orangen nach Belieben filetieren oder in Stücke schneiden und mit dem gefilterten Orangenlikör servieren. Lecker schmecken die Orangenfilets bzw. -stücke auch zu Vanilleeis oder -pudding.

Zutaten:

1,5 kg	Orangen
700 ml	trockener Weißwein
150 ml	Weingeist/Ethanol (hochprozentiger Alkohol aus der Apotheke, 90 Vol.-%)
200 g	Zucker
8	Gewürznelken
1	Zimtstange
1	Bio-Zitrone (unbehandelt, ungewachst)

1. Orangen mit einem Messer so schälen, dass die weiße Haut mitentfernt wird. Geschälte Orangen in ein gründlich gereinigtes, gespültes Glas geben. Weißwein und Weingeist hinzugießen. Zucker, Nelken und Zimt unterrühren.

2. Die Zitrone heiß abwaschen und abtrocknen. Zitrone mit einem Sparschäler dünn schälen. Dabei darauf achten, dass nur die gelbe Schale und nicht das Weiße abgeschält wird. Zitrone halbieren und den Saft auspressen. Zitronenschale und -saft in das Glas geben und unterrühren. Glas fest verschließen und kalt stellen. Eingelegte Orangen etwa 2 Wochen durchziehen lassen, die ersten Tage gelegentlich umrühren, bis der Zucker vollständig gelöst ist.

Safran-Birnen
Für Gäste

etwa 2,5 Liter

Zubereitungszeit:
25 Minuten, ohne Kochzeit
Durchziehzeit: etwa 1 Monat
Haltbarkeit:
gekühlt 2–4 Monate

Zutaten:

1 ½ kg	reife, feste Birnen
etwa	
150 ml	Essigwasser
	(etwa 50 ml Essig
	und etwa
	100 ml Wasser)
	Schale und Saft von
1	Bio-Zitrone
	(unbehandelt,
	ungewachst)
750 ml	
(¾ l)	trockener Weißwein
2 EL	Zucker
1 Döschen	Safran
2	Zimtstangen
8	Gewürznelken
250 ml	
(¼ l)	Wasser
1 Msp.	
(etwa 1 g)	Zitronensäure

1. Birnen waschen, abtrocknen, schälen, halbieren, entstielen und das Kerngehäuse entfernen. Die Birnen in eine große Schüssel geben und mit Essigwasser übergießen (die Birnen sollen vollständig bedeckt sein, damit sie nicht braun werden).

2. Zitrone gründlich heiß abwaschen und abtrocknen. Zitronenschale mit einem Sparschäler dünn abschälen. Dabei darauf achten, dass nur die gelbe Schale und nicht das Weiße abgeschält wird. Zitronenschale in feine Streifen schneiden und die Zitrone auspressen.

3. Für die Weißwein-Lösung Weißwein, Zucker, Zitronenschale, -saft, Safran, Zimtstange und Gewürznelken in einem Topf zum Kochen bringen. Die Birnenhälften aus dem Essigwasser nehmen und in die Weißwein-Lösung geben (evtl. in 2 Portionen). Zum Kochen bringen und bei schwacher Hitze 5–8 Minuten ziehen lassen. Anschließend die Birnen mit einer Schaumkelle herausnehmen und in gründlich gereinigte, gespülte Gläser geben.

4. Wasser zu der Weißwein-Lösung in den Topf geben, zum Kochen bringen und Zitronensäure unterrühren. Die Birnen sofort mit der Weißwein-Lösung übergießen, mit gut schließenden Deckeln verschließen und erkalten lassen. Die Safran-Birnen kalt gestellt aufbewahren.

Ginfrüchte
Raffiniert

etwa 2 Liter

Zubereitungszeit: 25 Minuten
Durchziehzeit: 1 Woche
Haltbarkeit:
gekühlt 3–4 Wochen

Zutaten:

1	Honigmelone (etwa 1 kg)
4	Kiwis
4	Nektarinen
375 g	weißer Kandis
4	Pimentkörner
2	Zimtstangen
700 ml	Gin (37,5 Vol.-%)

1. Die Honigmelone halbieren, entkernen, vierteln, schälen und das Melonenfruchtfleisch in Streifen schneiden. Die Melonenstreifen in ein großes, gründlich gereinigtes, gespültes Glas oder in mehrere kleine Gläser geben.

2. Die Kiwis schälen und in Scheiben schneiden. Die Nektarinen waschen, abtrocknen, halbieren und entsteinen. Nek-tarinenfruchtfleisch in Scheiben schneiden. Das vorbereitete Obst abwechselnd mit dem Kandis zu den Melonenstreifen in das große Glas oder in die kleinen Gläser schichten.

3. Pimentkörner und Zimtstangen hinzufügen und mit Gin auffüllen. Das Glas oder die Gläser fest verschließen. Die Ginfrüchte kalt und dunkel gestellt etwa 1 Woche durchziehen lassen.

Fruchtmix in Weinbrand
Für Gäste

etwa 2 Liter

Zubereitungszeit:
35 Minuten, ohne Saftziehzeit
Durchziehzeit: 3 Wochen
Haltbarkeit:
gekühlt etwa 2 Monate

Zutaten:

1	Zuckermelone
500 g	kernlose, blaue Trauben
1 kleine Dose	Mandarinen (Abtropfgewicht 225 g)
500 g	Zucker
700 ml	Weinbrand (40 Vol.-%)

1. Zuckermelone halbieren, entkernen, in Spalten schneiden und schälen. Fruchtfleisch in mundgerechte Stücke schneiden.

2. Weintrauben waschen, trocken tupfen, entstielen und halbieren.

3. Mandarinen in einem Sieb abtropfen lassen.

4. Die vorbereiteten Früchte abwechselnd mit dem Zucker in ein großes, gründlich gereinigtes, gespültes Glas schichten. Das Glas verschließen und die Früchte etwa 1 Stunde Saft ziehen lassen.

5. Anschließend den Weinbrand hinzugießen, das Glas wieder fest verschließen. Den Fruchtmix kalt und dunkel gestellt etwa 3 Wochen durchziehen lassen.

Inhalt

Ratgeber 6

Liköre & Aufgesetzte

Aufgesetzter mit Limetten 8
Saurer Paul 8
Orangenlikör 10
Feiner Orangenlikör 10
Schoko-Minz-Likör 12
Schokoladenlikör 12
Pfirsichlimes 14
Erdbeerlimes 14
Gewürzlikör mit Nelkenblüten 16
Anislikör 16
Pfefferminzlikör 18
Heller Pfefferminzlikör 18
Quittenlikör mit Weinbrand und Vanille 20
Zabaionelikör 22
Sahniger Whiskylikör 22
Liebesapfellikör 24
Erdbeer-Joghurt-Likör 24
Honiglikör mit Vanille 26
Zimtlikör 26
Holunderlikör mit Gin 28
Schlehenlikör 28
Teelikör 30
Früchteteelikör 30
Kräuterlikör 32
Ingwerlikör 32
Lebkuchenlikör 34
Rote-Grütze-Likör 34
Waldmeisterlikör 36
Tannenspitzenlikör 36
Nuss-Nougat-Likör 38
Heidelbeerlikör 40
Brombeerlikör 40
Mandellikör 42
Himbeer-Aprikosen-Likör 44
Orangen-Sahne-Likör 46
Feigen-Sahne-Likör 46

Glühweinessenz 48
Latte-Macchiato-Likör 50
Amarettini-Kirsch-Likör 50
Mohnlikör 52
Kümmelschnaps 54
Würziger Kräuterlikör 54
Würziger Eierlikör 56
Eierlikör 56
Espressolikör 58
Feuerzauber 60
Sangrialikör 60
Limoncello mit Wodka 62

Früchte in Alkohol

Mirabellen in Vanille-Wodka 64
Eingelegte Feigen 64
Weinbrand-Quitten 66
Weinbrand-Kirschen 66
Grapefruit in Wodka und Aperol 68
Aprikosen-Mandel-Verführung 70
Rotweinpflaumen mit grünem Pfeffer 72
Pflaumen in Rum 72
Himbeeren in Weinbrand 74
Exotische Früchte in Weinbrand 74
Clementinen-Ratafia 76
Weißer Rumtopf 78
Datteln in Dessertwein 80
Feigen in Portwein 80
Ananas in weißem Rum 82
Pflaumen und Walnüsse in Armagnac 82
Erdbeeren mit Orange und Mandeln
    in Doppelkorn 84
Schwarze Walnüsse 86
Eingelegte Kumquats 88
Eingelegte Orangen 88
Safran-Birnen 90
Ginfrüchte 92
Fruchtmix in Weinbrand 92

Alphabetisches Register

A/B

Ananas in weißem Rum	82
Anislikör	16
Amarettini-Kisch-Likör	50
Aprikosen-Mandel-Verführung	70
Brombeerlikör	40

C/D/E

Clementinen-Ratafia	76
Datteln in Dessertwein	80
Eierlikör	56
Eierlikör, würziger	56
Eingelegte Feigen	64
Eingelegte Kumquats	88
Eingelegte Orangen	88
Erdbeer-Joghurt-Likör	24
Erdbeeren mit Orange und Mandeln in Doppelkorn	84
Erdbeerlimes	14
Espressolikör	58
Exotische Früchte in Weinbrand	74

F

Feigen, eingelegte	64
Feigen in Portwein	80
Feigen-Sahne-Likör	46
Feiner Orangenlikör	10
Feuerzauber	60
Fruchtmix in Weinbrand	92
Früchteteelikör	30

G/H

Gewürzlikör mit Nelkenblüten	16
Ginfrüchte	92
Glühweinessenz	48
Grapefruit in Wodka und Aperol	68
Heidelbeerlikör	40
Heller Pfefferminzlikör	18
Himbeer-Aprikosen-Likör	44
Himbeeren in Weinbrand	74
Holunderlikör mit Gin	28

I/K/L

Ingwerlikör	32
Kräuterlikör	32
Kräuterlikör, würziger	54
Kumquats, eingelegte	88
Kümmelschnaps	54
Latte-Macchiato-Likör	50
Lebkuchenlikör	34
Liebesapfellikör	24
Limoncello mit Wodka	62

M/N

Mandellikör	42
Mirabellen in Vanille-Wodka	64
Mohnlikör	52
Nuss-Nougat-Likör	38

O/P

Orangen, eingelegte	88
Orangenlikör	10
Orangenlikör, feiner	10
Orangen-Sahne-Likör	46
Paul, saurer	8
Pfefferminzlikör	18
Pfefferminzlikör, heller	18
Pfirsichlimes	14
Pflaumen in Rum	72
Pflaumen und Walnüsse in Armagnac	82

Q/R

Quittenlikör mit Weinbrand und Vanille	20
Rote-Grütze-Likör	34
Rotweinpflaumen mit grünem Pfeffer	72
Rumtopf, weißer	78

S/T

Safran-Birnen	90
Sahniger Whiskylikör	22
Sangrialikör	60
Saurer Paul	8
Schlehenlikör	28
Schokoladenlikör	12
Schoko-Minz-Likör	12
Schwarze Walnüsse	86
Tannenspitzenlikör	36
Teelikör	30

W

Waldmeisterlikör	36
Walnüsse, schwarze	86
Weinbrand-Kirschen	66
Weinbrand-Quitten	66
Weißer Rumtopf	78
Whiskylikör, sahniger	22
Würziger Eierlikör	56
Würziger Kräuterlikör	54

Z

Zabaionelikör	22
Zimtlikör	26

Für Fragen, Vorschläge oder Anregungen steht Ihnen der
Verbraucherservice der Dr. Oetker Versuchsküche
Telefon: 00800 71727374 Mo.-Fr. 8:00–18:00 Uhr, Sa. 9:00–15:00 Uhr
(gebührenfrei in Deutschland)
oder die Mitarbeiter des Dr. Oetker Verlages
Telefon: +49 (0) 521 520650 Mo.-Fr. 9:00–15:00 Uhr zur Verfügung.

Oder schreiben Sie uns:
Dr. Oetker Verlag KG, Am Bach 11, 33602 Bielefeld oder besuchen
Sie uns im Internet unter www.oetker-verlag.de oder www.oetker.de.

Umwelthinweis

Dieses Buch und der Einband wurden auf chlorfrei gebleichtem Papier gedruckt.
Die Einschrumpffolie – zum Schutz vor Verschmutzung – ist aus umweltfreund-
lichem und recyclingfähigem PE-Material.

Copyright © 2008 by Dr. Oetker Verlag KG, Bielefeld
Redaktion Carola Reich, Ina Scholz
Titelfoto Ulli Hartmann, Halle/Westfalen
Innenfotos Christiane Krüger, Hamburg (Seite 4, 9, 13, 17, 21, 23, 27, 29–39,
43–49, 55, 59, 63, 65, 69, 73, 77, 81, 85, 91)
Axel Struwe, Bielefeld (Seite 15, 25, 51, 53, 61, 71, 87)
Brigitte Wegner, Bielefeld (Seite 19, 79, 89)
Bernd Lippert, Bielefeld (Seite 41, 93)
Christiane Pries, Borgholzhausen (Seite 11, 57, 83)
Kramp & Gölling, Hamburg (Seite 67)
Norbert Toelle, Bielefeld (Seite 75)

Rezeptentwicklung und -beratung Olaf Brummel, Bielefeld

Foodstyling Eike Upmeier-Lorenz, Hamburg

Grafisches Konzept kontur:design, Bielefeld
Gestaltung kontur:design, Bielefeld
Titelgestaltung kontur:design, Bielefeld
Reproduktionen Longo AG, Bozen, Italien
Satz JUNFERMANN Druck & Service, Paderborn
Druck und Bindung Firmengruppe APPL, aprinta druck, Wemding

Die Autoren haben dieses Buch nach bestem Wissen und Gewissen erarbeitet.
Alle Rezepte, Tipps und Ratschläge sind mit Sorgfalt ausgewählt und geprüft.
Eine Haftung des Verlages und seiner Beauftragten für alle erdenklichen
Schäden an Personen, Sach- und Vermögensgegenständen ist ausgeschlossen.

ISBN 978-3-7670-0813-7

Titelrezepte

Würziger Johannisbeerlikör
Klassisch

etwa 1,4 Liter

Zubereitungszeit: 20 Minuten
Durchziehzeit: 6–8 Wochen
Haltbarkeit:
gekühlt etwa 3 Monate

Zutaten:

200 g	Johannisbeeren
1 Stängel	frische Minze
3	Wacholderbeeren
200 g	weißer Kandis
1 gestr. TL	Fenchelsamen
1 gestr. TL	Anissamen
1 kleines	Lorbeerblatt
700 ml	Doppelkorn (38 Vol.-%)

1. Johannisbeeren verlesen, waschen, abtropfen lassen und entstielen. Johannisbeeren in eine große, gründlich gereinigte, gespülte Flasche (mit weitem Flaschenhals) geben.

2. Minze abspülen und trocken tupfen. Wacholderbeeren zerdrücken. Minze mit Wacholderbeeren, Kandis, Fenchelsamen, Anissamen und Lorbeerblatt zu den Johannisbeeren geben und mit Doppelkorn übergießen.

3. Die Flasche fest verschließen und 6–8 Wochen durchziehen lassen. Anschließend den Likör durch ein feines Sieb passieren und wieder in eine gründlich gereinigte, gespülte Flasche füllen. Die Flasche fest verschließen und den Likör kalt gestellt aufbewahren.

Himbeerlikör
Einfach

etwa 1 Liter

Zubereitungszeit: 25 Minuten
Durchziehzeit: 6–8 Wochen
Haltbarkeit:
gekühlt etwa 6 Monate

Zutaten:

300 g	Himbeeren
175 g	weißer Kandis
½	Schale von Bio-Zitrone (unbehandelt, ungewachst)
700 ml	Obstler (38 Vol.-%)

1. Himbeeren verlesen, evtl. kurz abspülen und gut abtropfen lassen. Himbeeren in ein großes, gründlich gereinigtes, gespültes Glas geben und den Kandis einstreuen.

2. Zitrone gründlich heiß abwaschen und abtrocknen. Schale der halben Zitrone abreiben, dabei darauf achten, dass nur die gelbe Schale und nicht das Weiße abgerieben wird. Zitronenschale zu den Himbeeren in das Glas geben und mit dem Obstler übergießen.

3. Das Glas fest verschließen und den Likör 6–8 Wochen an einem kühlen, dunklen Ort (am besten im Keller) durchziehen lassen.